GUOJI DAOLU YUNSHU GUANLI

**BAIWEN BAIDA**

# 国际道路运输管理

# 百问百答

《国际道路运输管理百问百答》编写委员会 编

人民交通出版社股份有限公司

北 京

# 内 容 提 要

本书通过问答形式,就《国际道路运输管理规定》(交通运输部令 2022 年第 31 号)内容进行梳理和解读,内容包括基本情况、经营许可和备案、运营管理、行车许可证管理、监督检查、法律责任、其他及附录八个部分,主要介绍了从事国际道路旅客运输经营、国际道路货物运输经营的相关要求,梳理了管理部门(机构)监督检查要求及相关违规行为处罚规定等。

本书可作为交通运输主管部门、道路运输机构、口岸国际道路运输管理机构、交通运输综合行政执法机构、国际道路运输经营者等单位开展行业政策培训的教材,也可作为相关人员学习国际道路运输相关知识的辅导用书。

## 图书在版编目(CIP)数据

国际道路运输管理百问百答/《国际道路运输管理
百问百答》编写委员会编. —北京:人民交通出版社股
份有限公司,2023.9

 ISBN 978-7-114-18911-1

 Ⅰ.①国… Ⅱ.①国… Ⅲ.①道路运输—交通运输管
理—问题解答 Ⅳ.①U491-44

中国国家版本馆 CIP 数据核字(2023)第 141040 号

| | |
|---|---|
| 书 名: | 国际道路运输管理百问百答 |
| 著 作 者: | 《国际道路运输管理百问百答》编写委员会 |
| 责任编辑: | 董 倩 |
| 责任校对: | 孙国靖 刘 璇 |
| 责任印制: | 张 凯 |
| 出版发行: | 人民交通出版社股份有限公司 |
| 地 址: | (100011)北京市朝阳区安定门外外馆斜街 3 号 |
| 网 址: | http://www.ccpcl.com.cn |
| 销售电话: | (010)59757973 |
| 总 经 销: | 人民交通出版社股份有限公司发行部 |
| 经 销: | 各地新华书店 |
| 印 刷: | 北京虎彩文化传播有限公司 |
| 开 本: | 880×1230 1/32 |
| 印 张: | 5.25 |
| 字 数: | 112 千 |
| 版 次: | 2023 年 9 月 第 1 版 |
| 印 次: | 2023 年 11 月 第 2 次印刷 |
| 书 号: | ISBN 978-7-114-18911-1 |
| 定 价: | 45.00 元 |

(有印刷、装订质量问题的图书,由本公司负责调换)

# 审定委员会

# 编写委员会

# 前言 Preface

　　我国国际道路运输的发展起源于20世纪90年代。随着对外开放力度的不断加大,我国积极与周边国家加强沟通协调,用了约10年时间,同周边十多个国家签署了双边或者多边汽车运输协定,重点解决了国际道路运输"通"的问题。进入21世纪以后,又用了约10年时间,围绕贯彻执行中遇到的问题,与有关国家的交通运输、商务、海关、口岸等部门进行协商,重点解决了国际道路运输"畅"的问题。2013年"一带一路"倡议提出以来,越来越多的沿线国家与我国加强国际道路运输合作,国际道路运输进入了新的历史发展阶段,重点解决了国际道路运输"便"的问题。国际道路运输已经由初期的以口岸接驳运输、双边跨境运输为主,加快向区域间过境运输以及更大范围的国际运输转变,国际道路运输便利化发展水平逐步提升,为中外经贸和人员往来发挥了越来越重要的作用。

　　截至2022年底,我国已与19个"一带一路"沿线国家和组织签署了协定、议定书、协议、谅解备忘录等50余份国际道路运输对外合作文件。我国现有国际道路客货运输企业450余户,从业人员1.4万余人,国际道路客货运输线路近300条(另有中俄等国家之间已实行国际道路货物运输全域开放,不再许可线路);已开通国际道路运输的公路口岸有65

个,可辐射 11 个相邻国家以及其他共建"一带一路"国家。
2022 年,我国国际道路货运量超过 5000 万吨(新型冠状病毒
感染疫情发生之前的 2019 年,国际道路货运量为 6145
万吨)。

受新型冠状病毒感染疫情影响,为全面落实"外防输入、内
防反弹"总策略,我国国际道路运输自 2020 年 3 月以来实行
"客停货通"政策,公路口岸全部暂停了国际道路旅客运输服
务,国际道路货物运输实行"人货分离、分段运输、封闭管理",
大力推广甩挂、接驳、吊装等非接触式作业方式,为保障产业链
供应链安全稳定畅通发挥了重要作用。《关于对新型冠状病毒
感染实施"乙类乙管"总体方案》颁布实施后,我国调整了公路
口岸国际道路运输"客停货通"政策,明确自 2023 年 1 月 8 日
起,在公路口岸恢复旅客运输出入境服务,逐步有序恢复国际
道路旅客运输服务,国际道路运输逐步恢复直达运输等常态化
运行方式。

为帮助各级人民政府交通运输主管部门和国际道路运输
经营者等单位相关人员准确把握和理解国际道路运输行业管
理政策及相关要求,本书编写委员会编写了《国际道路运输管
理百问百答》。本书通过问答形式对《国际道路运输管理规
定》(交通运输部令 2022 年第 31 号)进行了解读,并在附录中
整理了《中华人民共和国道路运输条例》和《国际道路运输管
理规定》修订对照表等内容。

本书在编写过程中,充分吸收了内蒙古自治区、辽宁省、吉
林省、黑龙江省、山东省、广西壮族自治区、云南省、新疆维吾尔
自治区、江苏省、福建省等省份交通运输主管部门和国际道路
运输管理机构、交通运输部公路科学研究院、交通运输部规划

研究院、中国道路运输协会等单位的意见和建议，期间也得到了交通运输部运输服务司及相关行业专家的大力支持和帮助，在此表示真诚的感谢。

由于编者水平有限，书中难免有疏漏之处，敬请广大读者批评指正。

编写委员会
2023 年 8 月

# 目录 Contents

## 第三章 运营管理

## 第四章  行车许可证管理

---| 第六章　法律责任 |---

―――――| 第七章 其 他 |―――――

一、相关概念 ············································· 068

┤附　　录├

Chapter **1**

# 第一章 基本情况

# 1 《国际道路运输管理规定》是什么?

我国国际道路运输管理的相关规章制度,最早为交通部于1995年9月12日发布的《中华人民共和国出入境汽车运输管理规定》(交公路发〔1995〕860号)。该规定明确了出入境汽车运输的适用范围、基本原则、交通部和地方各级交通主管部门的职责,以及从事出入境汽车运输的企业、车辆、从业人员等相关条件和运营管理要求等;同时明确了出入境汽车运输统一标志、开业审批表、经营许可证、人员资格证书、出入境汽车旅客运输行车路单、国际汽车货物运单等单证格式,为规范出入境汽车运输提供了管理依据。

伴随着我国经济社会的快速发展,我国与周边国家间的国际道路运输发展取得了积极进展,国际道路运输管理工作不断规范。2004年4月30日颁布的《中华人民共和国道路运输条例》,对国际道路运输予以专章规范,为实施国际道路运输管理提供了法律依据。《中华人民共和国出入境汽车运输管理规定》(交公路发〔1995〕860号)已不适应国际道路运输发展的需要。因此,交通部在总结国际道路运输发展实践和出入境汽车运输管理经验基础上,于2005年4月13日发布了《国际道路运输管理规定》(交通部令2005年第3号),明确了国际道路运输的基本原则、管理职责、经营许可、运营管理、行车许可证管理、监督检查、法律责任等内容,建立了我国国际道路运输管理的基本制度。

近年来,国务院大力推进"放管服"改革,进一步优化营商环境,国际道路运输管理面临新的形势和要求。2012年10月10日发布的《国务院关于第六批取消和调整行政审批项目的决定》(国发〔2012〕52号),取消了"外国国际道路运输经营者在中国境内设立常驻代表机构审批"的行政审批项目。2019 年 3 月 6 日发布的《国务院关于取消和下放一批行政许可事项的决定》(国发〔2019〕6 号),取消了国际道路货物运输许可事项,将其改为备案。2022 年 3 月 29 日修订发布的《中华人民共和国道路运输条例》明确了备案管理要求,相应规定了备案程序及法律责任,并在管理主体方面仅保留了"口岸国际道路运输管理机构"这一表述,其他涉及的"道路运输管理机构"均统一修改为"交通运输主管部门"。此外,自 2006 年开始,《道路运输从业人员管理规定》就确立了经营性道路客货运输驾驶员、道路危险货物运输从业人员等类别,对从事国际道路运输业务的驾驶员、从业人员提出应掌握和遵守相关国家法律、交通规则、国际公约和外事纪律等相关要求。综上原因,《国际道路运输管理规定》(交通部令 2005 年第 3 号)部分制度亟待进一步修订完善。经深入开展调研、广泛征求意见、反复研究讨论,交通运输部于 2022 年 9 月 26 日颁布了《国际道路运输管理规定》(交通运输部令 2022 年第 31 号),明确了国际道路运输的工作原则、管理职责、经营许可和备案、运营管理、行车许可证管理、监督检查、法律责任等内容,该规定自公布之日起施行。

## 2 《国际道路运输管理规定》的主要修订内容有哪些?

新修订的《国际道路运输管理规定》(交通运输部令 2022 年第 31 号)分为 7 章,共 45 条,相比《国际道路运输管理规定》(交通部令 2005 年第 3 号),共计修改 26 条、新增 4 条、删除 6 条,修订的主要内容包括以下五个方面。

(1)将国际道路货物运输经营许可改为备案管理,明确了备案材料要求、程序要求、备案公开监督要求以及不按规定备案的罚则。在保留现有监管措施的基础上，落实国务院关于加强事中事后监管的要求，增加了信用监管的原则性规定。

（2）删除了"外国道路运输企业在我国境内设立国际道路运输常驻代表机构"的许可规定，并根据《中华人民共和国道路运输条例》明确的管理要求，规定外国国际道路运输经营者依法在我国境内设立的常驻代表机构不得从事经营活动，主管部门要加强日常监管。

（3）加强了与道路运输从业人员和车辆技术管理制度的衔接。明确从事国际道路运输的驾驶员和从事危险货物运输的装卸管理人员、押运员应当符合《道路运输从业人员管理规定》的有关要求，从事国际道路运输的车辆应当符合《道路运输车辆技术管理规定》的要求。同时强化企业主体责任，规定国际道路运输经营者应当对聘用人员加强国际道路运输法律法规、外事规定等培训要求。

（4）优化调整了国际道路旅客运输经营许可的申请材料和程序，精简证明事项，明确可以通过部门间信息共享、内部核查等方式获取相关信息的，不再重复要求提供纸质材料，减轻企业负担。

（5）根据《国务院关于取消和调整一批罚款事项的决定》（国发〔2022〕15号）的有关要求，对属于规章立法权限范围内的处罚规定，进行了相应调整，主要是下调了非法转让、出租国际道路运输国籍识别标志等业务证件行为的罚款数额，取消了对国际道路运输经营者的运输车辆不按照规定标明相关标志、携带相关证件行为的罚款。对于该决定中明确的其他涉及本规章的罚款事项，待上位法修订出台后，再及时修改规章。

## 3 《国际道路运输管理规定》的制定目的和依据是什么？

《国际道路运输管理规定》的制定目的是规范国际道路运输经营活动，维护国际道路运输市场秩序，保护国际道路运输各方当事人的合法权益，促进国际道路运输业发展。

《国际道路运输管理规定》的制定依据包括《中华人民共和国道路运输条例》等法律法规，以及我国政府与有关国家政府签署的双边和多边汽车运输协定。

《国际道路运输管理规定》细化了相关法律法规中有关国际道路运输的规定以及汽车运输协定相关内容，如细化了进入国际道路旅客运输市场的经营许可制度和国际道路货物运输管理的备案制度，设定了行车许可证制度，制定了运营管理的各项规则、监督检查的各项措施、打击国际道路运输违法行为的惩戒措施，构建起了国际道路运输的全过程管理制度。

## 4 《国际道路运输管理规定》的适用范围是什么？

《国际道路运输管理规定》适用于从事中华人民共和国与相关国家间的国际道路运输经营活动。国际道路运输是指国际道路运输经营者根据我国与有关国家签署的汽车运输协定，通过对外开放的边境口岸从事道路运输的活动，包括国际道路旅客运输和国际道路货物运输。根据我国政府与相关国家政府签署的双边或多边汽车运输协定，国际道路旅客运输主要有定期和不定期道路旅客运输，国际道路货物运输主要有普通货物运输和危险货物运输等。

我国国际道路运输经营者和进入我国的外国国际道路运输经营者都必须遵守《国际道路运输管理规定》。

我国所有陆地边境省份和部分非边境省份与有关国家开展了国际道路运输,国际道路运输已成为我国与有关国家开展贸易合作和人员往来的重要运输方式,并正在向其他非边境省份扩展。

## 5 国际道路运输的工作原则是什么?

《国际道路运输管理规定》第三条第一款规定,国际道路运输应当坚持平等互利、公平竞争、共同发展的原则。

党的二十大报告指出,"中国坚持在和平共处五项原则基础上同各国发展友好合作,推动构建新型国际关系,深化拓展平等、开放、合作的全球伙伴关系,致力于扩大同各国利益的汇合点""中国坚持对外开放的基本国策,坚定奉行互利共赢的开放战略,不断以中国新发展为世界提供新机遇,推动建设开放型世界经济,更好惠及各国人民。中国坚持经济全球化正确方向,推动贸易和投资自由化便利化,推进双边、区域和多边合作,促进国际宏观经济政策协调,共同营造有利于发展的国际环境,共同培育全球发展新动能,反对保护主义,反对'筑墙设垒''脱钩断链',反对单边制裁、极限施压"。这为我们做好国际道路运输工作指明了前进方向,提供了根本遵循。

(1)坚持平等互利的原则。国际道路运输是开展对外贸易的重要载体,不仅要考虑具体运输业务问题,还要考虑国家间的社会制度、法律制度、经济发展水平不同等现实情况,应本着平等互利、相互尊重的态度开展对外运输合作,努力实现双赢,促进各方共同发展。

（2）坚持公平竞争的原则。公平竞争有利于维护正常市场秩序，有利于促进效率的提高，有利于降低运输成本。国际道路运输工作必须首先服从和服务于国家外交大局。在国际道路运输的发展过程中，要公平对待国内外国际道路运输经营者，一视同仁，不得实施歧视性政策。

（3）坚持共同发展的原则。我国陆地边界全长约 2.28 万公里，是世界上陆地边界线最长和邻国最多的国家。国际道路运输是与相关国家开展贸易和进行人员往来的重要纽带。在与相关国家发展国际道路运输的问题上，要与周边国家一道，共同推动国际道路运输的发展。

《国际道路运输管理规定》第三条第二款规定，国际道路运输管理应当公平、公正、公开和便民。这是国际道路运输管理的基本要求。

国际道路运输管理要求应当与《中华人民共和国道路运输条例》第四条规定的公平、公正、公开和便民精神保持一致，即必须符合四个方面：一是确保公平。在履行职责、行使权力时，应当公平正直、没有偏私，在实体和程序上不仅要合法，还要合乎常理。二是确保公正。要遵循公正原则，非歧视地对待所有道路运输经营者。三是确保公开。要对履行权力的行为过程和结果公开，确保国际道路运输经营者的知情权、参与权和监督权。四是确保便民。在实施国际道路运输管理过程中，应当采取措施为国际道路运输经营者提供便利的服务。如本次规章修订，优化调整了国际道路旅客运输经营许可的申请材料和程序，精简证明事项，明确通过部门间信息共享、内部核查等方式获取相关信息的，不再重复要求提供纸质材料，进一步减轻企业负担，这些就是体现便民服务的具体举措。

## 6 交通运输部门关于国际道路运输工作的职责有哪些？

《国际道路运输管理规定》第四条第一款规定,交通运输部主管全国国际道路运输工作。

根据《国务院办公厅关于印发交通运输部主要职责内设机构和人员编制规定的通知》(国办发〔2009〕18号)规定,交通运输部负责汽车出入境运输、国际和国境河流运输及航道有关管理工作。

本次规章修订将原有表述"交通部主管全国国际道路运输管理工作"修改为"交通运输部主管全国国际道路运输工作",删除了其中的"管理"二字,主要考虑根据《国务院办公厅关于印发交通运输领域中央与地方财政事权和支出责任划分改革方案的通知》(国办发〔2019〕33号)中"(3)边境口岸汽车出入境运输管理。中央承担专项规划、政策决定、监督评价职责,建设、养护、管理、运营等具体执行事项由中央委托地方实施。界河桥梁、边境口岸汽车出入境运输管理由中央承担支出责任。"的规定,国际道路运输管理只是国际道路运输工作中的一部分,明确交通运输部主管全国国际道路运输工作,更加全面和准确。

《国际道路运输管理规定》第四条第二款规定,省级人民政府交通运输主管部门按照有关规定,负责组织领导本行政区域内的国际道路运输工作。

本次规章修订增加了"按照有关规定",主要考虑落实中央财政事权改革的要求,省级人民政府交通运输主管部门应当始终遵循"授权有限"的原则,根据中央委托地方实施的具体事项,落实相关管理和工作要求。

此外,根据 2022 年修订的《中华人民共和国道路运输条例》,除口岸国际道路运输管理机构仍然保留之外,其他所有"道路运输管理机构"已统一修改为"交通运输主管部门",对此,本次规章修订删除了原有的第三款内容"省级道路运输管理机构负责具体实施本行政区域内的国际道路运输管理工作"。

## 7 边境口岸汽车出入境运输管理属于中央财政事权吗?

边境口岸汽车出入境运输管理属于中央财政事权。

财政事权是一级政府应承担的运用财政资金提供基本公共服务的任务和职责,支出责任是政府履行财政事权的支出义务和保障。合理划分中央与地方财政事权和支出责任是政府有效提供基本公共服务的前提和保障,是建立现代财政制度的重要内容,是推进国家治理体系和治理能力现代化的客观需要。根据党的十八大和十八届三中、四中、五中全会提出的建立事权和支出责任相适应的制度、适度加强中央事权和支出责任、推进各级政府事权规范化法律化的要求,国务院于 2016 年 8 月 16 日印发了《关于推进中央与地方财政事权和支出责任划分改革的指导意见》(国发〔2016〕49 号),明确了推进中央与地方财政事权和支出责任划分改革的指导思想、总体要求和划分原则、改革的主要内容、保障和配套措施、职责分工和时间安排等内容。

按照充分调动各方积极性、坚持人民交通为人民、遵循交通运输行业发展规律等原则和交通运输工作的特点,2019 年 6 月 26 日出台的《国务院办公厅关于印发交通运输领域中央与地方财政事权和支出责任划分改革方案的通知》(国办发〔2019〕33 号),划分了公路、水路、铁路、民航、邮政、综合交通六个方面的中央与地方财政事权和支出责任。按照该文件精神,边境口岸汽车出入境运输管理被明确为中央财政事权。中央承担专项规划、政策决定、监督评价职责,建设、养护、管理、运营等具体执行事项由中央委托地方实施。边境口岸汽车出入境运输管理由中央承担支出责任。

## 8 与国际道路运输管理相关的法律法规、部门规章有哪些?

法律法规包括:《中华人民共和国海关法》《中华人民共和国出境入境管理法》《中华人民共和国国境卫生检疫法》《中华人民共和国安全生产法》《中华人民共和国道路交通安全法》《中华人民共和国反恐怖主义法》《中华人民共和国对外关系法》《中华人民共和国道路运输条例》《中华人民共和国海关事务担保条例》《中华人民共和国道路交通安全法实施条例》等。

部门规章包括:交通运输部颁布的《国际道路运输管理规定》(交通运输部令 2022 年第 31 号)、《道路运输从业人员管理规定》(交通运输部令 2022 年第 38 号)、《道路运输车辆技术管理规定》(交通运输部令 2023 年第 3 号);海关总署颁布的《中华人民共和国海关进出境运输工具监管办法》(海关总署令第 196 号)、《中华人民共和国海关进出境运输工具舱单管理办法》(海关总署令第 172 号)、《中华人民共和国海关过境货物监管办法》(海关总署令第 260 号);公安部颁布的《临时入境机动车和驾驶人管理规定》(公安部令 2006 年第 90 号)等。

Chapter **2**

# 第二章 经营许可和备案

# 一、通 用 要 求

## 9  从事国际道路运输经营活动需要什么条件?

《国际道路运输管理规定》第五条规定,从事国际道路运输经营活动的,应当具备以下条件:

(1)已经取得国内道路运输经营许可证的企业法人。即不仅需要取得国内道路旅客运输或货物运输经营许可,还需要是企业法人。个体户不可以从事国际道路运输经营。

(2)从事国内道路运输经营满3年,且近3年内未发生重大以上道路交通责任事故。其中,道路交通责任事故是指驾驶员负同等或者以上责任的交通事故。

(3)驾驶员和从事危险货物运输的装卸管理人员、押运员应当符合《道路运输从业人员管理规定》有关规定。即需参加道路运输从业资格考试,取得相应的从业资格证件。

(4)拟投入国际道路运输经营的运输车辆技术要求应当符合《道路运输车辆技术管理规定》有关规定。无论是新购置车辆还是已投入运营的国内道路运输车辆,均需要符合相关技术要求。

(5)有健全的安全生产管理制度。安全生产管理制度是企业为保障运输安全生产而制定的一系列管理制度和行为规范的总称,包括安全生产责任制、安全生产操作规程等。

## 10 为何国际道路运输经营者需从事国内道路运输经营满 3 年？

《国际道路运输管理规定》第五条规定,从事国际道路运输经营活动的,应当具备从事国内道路运输经营满 3 年,且近 3 年内未发生重大以上道路交通责任事故的条件。国际道路运输与国内道路运输相比,对经营者的经营、管理水平以及安全、服务质量的要求较高。因此,要求申请者具有一定的从事国内道路运输经营的经历,具有一定的从业经验和良好的安全记录,从而更好地从源头保障国际道路运输的服务质量和安全。

## 11 国际道路运输从业人员有什么要求？

(1)具备相应的从业资格。《国际道路运输管理规定》第五条第三项规定,驾驶员和从事危险货物运输的装卸管理人员、押运员应当符合《道路运输从业人员管理规定》有关规定。即国际道路运输从业人员需要取得相应的经营性道路客货运输驾驶员、道路危险货物运输驾驶员、押运员或者装卸管理人员类别的从业资格证。(2)掌握相关外事规定。考虑到国际道路运输为涉外运输,其从业人员还需要掌握相关的外事规定,并遵守对方国家的相关运输法规政策等要求。(3)对特殊事项需要取得相应的证书。如从事中俄道路危险货物运输的驾驶员,按照《中华人民共和国交通运输部与俄罗斯联邦运输部关于危险货物国际道路运输协议》要求,必须经过《危险货物国际道路运输公约》(ADR)培训,取得相应的培训证书。

与此同时,国际道路运输经营者需要履行对从业人员的教育培训主体责任。《国际道路运输管理规定》第二十五条第二款规定,国际道路运输经营者应当对所聘用的道路运输从业人员开展有关国际道路运输法规、外事规定、业务知识、操作规程的培训。为保证培训的专业性,国际道路运输经营者可以邀请外事、海关、边防检查等部门的有关专家对其从业人员进行培训。

## 12 国际道路运输车辆有什么技术要求?

《国际道路运输管理规定》第五条第四项规定,拟投入国际道路运输经营的运输车辆技术要求应当符合《道路运输车辆技术管理规定》有关规定。一是技术等级应当达到一级;二是国际道路旅客运输车辆类型等级应当达到中级以上,类型划分和等级评定应当符合国家有关营运客车类型划分及等级评定的要求。

## 13 国际道路运输经营者到外事、海关、边防检查等部门办理相关手续应提供哪些材料?

《国际道路运输管理规定》第十三条规定,从事国际道路运输的经营者凭道路运输经营许可证等许可文件或者备案文件到外事、海关、边防检查等部门办理有关运输车辆、人员的出入境手续。

从事国际道路旅客运输的经营者凭道路运输经营许可证《国际道路旅客运输班线经营行政许可决定书》以及道路运输证等文件到海关录入人员、车辆信息,即可报备出入境。

从事国际道路货物运输的经营者凭《国际道路货物运输经营备案表》等文件到海关录入人员、车辆信息,即可报备出入境。

此外,国际道路运输从业人员需要提前办理护照和签证。

# 二、旅客运输

## 14 如何申请国际道路旅客运输经营许可？

《国际道路运输管理规定》第六条规定，申请从事国际道路旅客运输经营的，应当向所在地省级人民政府交通运输主管部门提出申请，并提交以下材料：

（1）国际道路旅客运输经营许可申请表；

（2）企业近3年内无重大以上道路交通责任事故证明或者承诺书；

（3）拟投入国际道路旅客运输经营的车辆的道路运输证和拟购置车辆承诺书，承诺书包括车辆数量、类型、技术性能、购车时间等内容；

（4）拟聘用驾驶员的机动车驾驶证、从业资格证；

（5）国际道路运输的安全管理制度，包括安全生产责任制度、安全生产业务操作规程、安全生产监督检查制度、驾驶员和车辆安全生产管理制度、道路运输应急预案等。

从事定期国际道路旅客运输的，还应当提交定期国际道路旅客班线运输的线路、站点、班次方案。

## 15 如何申请国际道路旅客运输班线？

国际道路旅客运输班线的线路由起讫地和途经地国家交通运输主管部门协商确定，我国由交通运输部及时向社会公布。

国际道路旅客运输经营者可在申请国际道路旅客运输经营

许可的同时,申请定期国际道路旅客班线运输。

《国际道路运输管理规定》第七条规定,对于已取得国际道路旅客运输经营许可,申请新增定期国际旅客运输班线的,应当向所在地省级人民政府交通运输主管部门提出申请,并提交以下材料:

(1)拟新增定期国际道路旅客班线运输的线路、站点、班次方案;

(2)拟投入国际道路旅客运输营运的车辆的道路运输证和拟购置车辆承诺书;

(3)拟聘用驾驶员的机动车驾驶证、从业资格证。

## 16 国际道路旅客运输经营许可程序是什么?

《国际道路运输管理规定》第八条规定,省级人民政府交通运输主管部门收到申请后,应当按照《交通行政许可实施程序规定》要求的程序、期限,对申请材料进行审查,并通过部门间信息共享、内部核查等方式获取申请人营业执照、已取得的道路客运经营许可、现有车辆等信息,作出许可或者不予许可的决定。省级人民政府交通运输主管部门对符合法定条件的国际道路旅客运输经营申请作出准予行政许可决定的,应当出具《国际道路旅客运输经营行政许可决定书》,明确经营主体、经营范围、车辆数量及要求等许可事项,并在作出准予行政许可决定之日起10日内向被许可人发放道路运输经营许可证。对符合法定条件的国际道路旅客运输班线经营申请作出准予行政许可决定的,还应当出具《国际道路旅客运输班线经营行政许可决定书》。

省级人民政府交通运输主管部门予以许可的,应当向交通运输部备案。

对国际道路旅客运输经营申请决定不予许可的,应当在受理之日起 20 日内向申请人送达《不予交通行政许可决定书》,并说明理由,告知申请人享有依法申请行政复议或者提起行政诉讼的权利。

## 17　非边境省份运输企业如何申请国际道路客运班线?

《国际道路运输管理规定》第十一条规定,非边境省(自治区、直辖市)的申请人拟从事国际道路旅客运输经营的,应当向所在地省级人民政府交通运输主管部门提出申请。

(1)受理该申请的省级人民政府交通运输主管部门在作出许可决定前,应当与运输线路拟通过边境口岸所在地省级人民政府交通运输主管部门协商,协商内容主要包括:拟申请企业名称、运输线路、公路里程(公里)、起讫站点、途经线路、中途停靠站点、日发班次、车辆类型及数量、经营方式等相关内容。

(2)边境口岸所在地省级人民政府交通运输主管部门应当自收到申请人所在地省级人民政府交通运输主管部门函件后,应当及时对符合法定条件、完整有效的申请事项,依法作出"同意"或"不同意"的意见并函复。对不符合法定条件、申请材料信息出现错漏的,须及时与申请人所在地省级人民政府交通运输主管部门沟通或函复说明。

(3)与边境口岸所在地省级人民政府交通运输主管部门协商一致,并对符合法定条件的国际道路运输经营申请作出准予行政许可决定的,由申请人所在地省级人民政府交通运输主管部门向申请人出具国际道路运输经营许可决定书,并明确许可事项。

（4）与边境口岸地省级人民政府交通运输主管部门协商不成的，由申请人所在地省级人民政府交通运输主管部门报交通运输部决定。交通运输部按照规定的程序作出许可或者不予许可的决定，通知申请人所在地省级人民政府交通运输主管部门，同时抄送相关边境口岸所在地省级人民政府交通运输主管部门，并由申请人所在地省级人民政府交通运输主管部门按照规定颁发许可证件或者作出《不予交通行政许可决定书》。

（5）对不予行政许可的，申请人所在地省级人民政府交通运输主管部门向申请人出具《不予交通行政许可决定书》，并说明理由。

（6）因需要延长许可申请处理时间的，须经申请人所在地省级人民政府交通运输主管部门负责人批准，向申请人出具《延长交通行政许可期限通知书》，并说明理由，但延长时间不得超过10个工作日。

## 18 如何变更国际道路旅客运输经营许可事项？

《国际道路运输管理规定》第十四条规定，国际道路旅客运输经营者变更许可事项、扩大经营范围的，应当按照《国际道路运输管理规定》办理许可申请；变更名称、地址等的，应当向原许可机关备案，并提交以下材料：

（1）变更事项报告；

（2）原道路运输经营许可证正本及副本。

省级人民政府交通运输主管部门根据变更的事项更换新的道路运输经营许可证。

国际道路旅客运输经营者扩大经营范围需按国际道路运输经营许可程序重新申请办理。

## 19 如何配发国际道路旅客运输车辆的道路运输证?

《国际道路运输管理规定》第十二条规定,从事国际道路旅客运输的经营者应当按照承诺书的要求购置运输车辆。购置的车辆和已有的车辆经核实符合下列条件的,由省级人民政府交通运输主管部门向拟投入运输的车辆配发道路运输证:

(1)技术状况良好,符合《道路运输车辆技术管理规定》要求;

(2)按要求做好维护、修理、检验检测和车辆技术等方面的技术性管理,技术等级达到一级,类型等级达到中级以上。

## 20 国际道路旅客运输经营者终止经营的程序是什么?

《国际道路运输管理规定》第十五条第二款规定,国际道路旅客运输经营者需要终止经营的,应当在终止经营之日30日前告知省级人民政府交通运输主管部门,并按照规定办理有关注销手续。

省级人民政府交通运输主管部门应当在国际道路旅客运输经营者终止经营后10日内,收回其道路运输经营许可证、道路运输证和国际道路旅客运输线路标志牌等有关证件,办理注销手续,书面告知车籍所在地交通运输主管部门,并在其网站予以公布。

国际道路旅客运输经营者在取得国际道路客运经营许可证件后,无正当理由超过180日不投入运营或者运营后未经批准连续180日以上停运的,视为自动终止经营,省级人民政府交通运输主管部门撤销其经营许可,收回其道路运输经营许可证、道路运输证等证件,并予以公布。

## 21 国际道路旅客运输经营许可证丢失后,申请补办需要在报刊上刊登遗失声明吗?

按照现行规定,国际道路旅客运输经营许可证丢失后,对于是否在报刊等媒体上刊登遗失声明没有强制要求。国际道路旅客运输经营许可证丢失的话,可以直接向原许可机关申请补发。

# 三、货 物 运 输

## 22 如何办理国际道路货物运输经营备案?

国际道路货物运输经营备案属于事后备案程序。《国际道路运输管理规定》第九条规定,从事国际道路货物运输经营的,最迟不晚于开始国际道路货物运输经营活动的 15 日内向所在地省级人民政府交通运输主管部门备案,提交《国际道路货物运输经营备案表》,并附送符合规定条件的材料,保证材料真实、完整、有效。

## 23 国际道路货物运输经营备案对车辆数量有要求吗?

国际道路货物运输经营备案未对车辆数量作明确要求,只要备案材料齐全且符合要求的,应当予以备案。但对于申请国际道路危险货物运输经营备案的企业,还应当满足《中华人民共和国道路运输条例》《道路危险货物运输管理规定》中关于车辆数量的要求。

## 24 国际道路货物运输经营备案有法定办结时限吗?

国际道路货物运输经营备案未规定具体的办结时限,各省级人民政府交通运输主管部门可结合地方实际,加强备案服务工作,简化办理流程、缩短办结时间或当场办结。

## 25 国际道路货物运输经营备案有有效期吗?

国际道路货物运输经营备案未设有效期,但应当与其取得的国内道路运输经营许可证的有效期保持一致。《国际道路运输管理规定》自 2022 年 9 月 26 日起开始实施。在 2022 年 9 月 26 日及以后,新从事国际道路货物运输经营的,应当按照《国际道路运输管理规定》要求进行备案。在 2022 年 9 月 26 日前,已取得道路运输经营许可证且仍在有效期内的国际道路货物运输经营者,无须进行备案。原有的道路运输经营许可证到期后,应当按照要求,及时到所在地省级人民政府交通运输主管部门进行备案。

## 26 国际道路货物运输经营备案审核程序是什么?

《国际道路运输管理规定》第十条第一款规定,省级人民政府交通运输主管部门收到国际道路货物运输经营备案材料后,对材料齐全且符合要求的,应当予以备案并编号归档;对材料不全或者不符合要求的,应当场或者自收到备案材料之日起 5 日内一次性书面通知备案人需要补充的全部内容。

省级人民政府交通运输主管部门应严格按照《国际道路运输管理规定》实施备案管理,不得设置备案前置条件。严禁要求提供《国际道路运输管理规定》限定以外的其他备案材料。

## 27 如何证明国际道路货物运输经营备案完成?

《国际道路货物运输经营备案表》一式两份,备案完成后由备案机关和备案国际道路运输经营者各留存一份,可作为完成备案的证明。同时,可通过互联网等途径,在各省级人民政府交通运输主管部门向社会公布的本辖区已备案的国际道路货物运输经营者名单中查询。

## 28 如何变更国际道路货物运输经营备案事项?

《国际道路运输管理规定》第十四条第三款规定,国际道路货物运输经营者名称、经营地址、主要负责人和货物运输车辆等事项发生变化的,应当向所在地省级人民政府交通运输主管部门办理备案变更,并提交:

(1)《国际道路运输经营备案表(备案变更)》;

(2)原《国际道路货物运输经营备案表》;

(3)已投入或者拟投入国际道路货物运输经营的车辆的道路运输证、机动车安全技术检验报告("备注"栏签注车辆技术等级),拟购置运输车辆的承诺书。

省级人民政府交通运输主管部门将《国际道路货物运输经营备案表(备案变更)》与原备案表一并存档,同时收回原证件,并及时更新向社会公布的已备案的国际道路货物运输经营者名单。

## 29 如何补办《国际道路货物运输经营备案表》?

依据各省情况,可以向省级人民政府交通运输主管部门申请补办。

## 30 如何备案国际道路货物运输车辆?

按照《国际道路运输管理规定》中关于国际道路货物运输经营备案的规定办理。已办理国际道路货物运输经营备案的,可根据实际需要办理相应国际道路货物运输车辆备案。

## 31 备案后的国际道路货物运输车辆,是否需要重新配发道路运输证?

备案后的国际道路货物运输车辆,不需要重新配发《道路运输证》。《国际道路运输管理规定》对国际道路货物运输相关备案管理作出了原则性规定,对于符合条件的国际道路货物运输车辆应当予以备案,通过国际道路货物运输经营备案表等明确其备案信息。省级人民政府交通运输主管部门应加强信息化建设,采取信息化手段,实现备案后的国际道路货物运输车辆信息共享,方便企业经营,形成监管合力。

## 32 取消"国际道路货物运输许可"后,如何加强国际道路货物运输经营事中事后监管?

根据《国务院关于取消和下放一批行政许可事项的决定》(国发〔2019〕6号)中取消"国际道路货物运输许可"改为备案等部署,交通运输部于2019年3月27日发布了《交通运输部关于公布十项交通运输行政许可事项取消下放后事中事后监管措施的公告》(2019年第15号),其中第六项明确了取消"国际道路货物运输许可"后的事中事后监管措施。《国际道路运输管理规定》中第九条、第十条、第十三条、第十四条、第十五条、第三十六条规定了有关措施。此外,还将通过以下措施加强事中事后监管:

(1)加强双多边国际道路运输协定的制修订工作,完善"一带一路"沿线国家协定体系,明确国际道路货物运输相关要求。

(2)加强相关标准制修订工作,对接"一带一路"沿线国家(地区)技术标准,加快健全国际道路货物运输标准体系。

(3)加强与海关、边防检查、公安、市场监管等部门的信息共享和联合监管,加强对有关车辆的静态管理和动态监控。

(4)加强信用监管,尤其是对失信国际道路货物运输经营者和失信从业人员的监督管理,推动落实企业安全生产主体责任,研究建立违法失信企业退出机制。

## 33 国际道路货物运输经营者终止经营的程序是什么?

《国际道路运输管理规定》第十五条第二款规定,国际道路货物运输经营者需要终止经营的,应当在终止经营之日30日前告知省级人民政府交通运输主管部门,按照规定办理有关注销手续。

**34** **国际道路货物运输备案证明丢失后,申请补办需要在报刊上刊登遗失声明吗?**

　　按照现行规定,国际道路货物运输备案证明丢失后,对于是否在报刊等媒体上刊登遗失声明没有强制要求。国际道路货物运输备案证明丢失,可以向原备案机关申请调取原备案表,复印并加盖备案机关印章后可按照原件使用,或者将省级人民政府交通运输主管部门网站公布的备案信息打印后使用。

Chapter **3**

# 第三章　运营管理

# 一、通 用 要 求

## 35 国际道路运输线路是如何确定的？

根据我国政府与相关国家政府签署的汽车运输协定以及《国际道路运输管理规定》第十六条第一款规定，国际道路运输线路由起讫地、途经地国家交通运输主管部门协商确定。根据地区经济发展需要，结合区域实际情况，由我国交通运输部会同拟开通的国际道路运输线路终点、途经地所在国家交通运输主管部门协商后签订协议，协议生效后，经双方共同确认的国际道路运输线路正式生效。

例如，中国与越南两国交通运输主管部门于 2022 年 12 月 30 日签署了《关于新增中越国际道路客货运输线路和国际道路运输车辆通行口岸的协议》，协议生效实施后，中越双方之间新增 15 条国际道路客货运输线路，新增两对国际运输车辆通行口岸。

## 36 国际道路运输线路由谁来公布？

《国际道路运输管理规定》第十六条第二款规定，由交通运输部及时向社会公布中国政府与有关国家政府确定的国际道路运输线路。

## 37 国际道路运输价格是如何确定的？

《国际道路运输管理规定》第二十七条规定，国际道路旅客运输的价格,按边境口岸所在地的省级人民政府交通运输主管部门与相关国家政府交通运输主管部门签订的协议执行。对于定期旅客运输,按照目前大部分国际道路运输协定的规定,其价格是根据两国的价格水平,由两国主管部门商定的。一种方法是将两国各自国内路段的运价相加,另一种方法是通过测算取一个公认的每公里运价标准,乘以总里程。测算出的运价、票价经过双方确认并签订协议后,即可执行;未签订协议的,按照边境口岸所在地省级物价部门核定的运价执行。总体上看,定期旅客运输价格市场化是发展趋势,将逐步交由经营者主体相互协商。

对于不定期旅客运输价格、国际道路货物运输的价格,采取市场定价方式,由经营者自行确定。这也符合价格放开,保证公平竞争的原则。不定期旅客运输,与我国国内的包车客运模式相似,更多体现满足乘客的个性化出行需求,可以通过市场手段确定价格。国际道路货物运输,由于货物的种类、价值、重量以及运输时间、运输要求的不同,通过市场手段,由承运者和托运人通过合同自行确定运价,可以进一步提高承运者的管理水平,提高运输服务质量和降低运输成本。

## 38 国际道路运输车辆行驶有什么要求?

按照《国际道路运输管理规定》有关要求,从事国际道路运输的车辆应当满足以下要求:

(1)按照规定的口岸通过,进入对方国家境内后,如协定规定行驶线路的,应当按照规定的线路运行。口岸及线路由各国交通运输主管部门签订的协议确定。从事定期国际道路旅客运输的车辆,应当按照规定的行车路线、班次及停靠站点运行。

(2)应当标明本国的国际道路运输国籍识别标志。

（3）携带有效的行车许可证或特别行车许可证。

（4）使用收费公路的，按要求缴纳相应车辆通行费等费用。

（5）遵守对方国家的道路交通管理规则等要求。

## 39 国际道路运输车辆维护检测有什么要求？

《国际道路运输管理规定》第二十五条规定，国际道路运输经营者应当使用符合国家规定标准的车辆从事国际道路运输经营，并按照国家有关规定进行运输车辆维护和定期检测。国际道路运输经营者应当建立车辆维护制度。车辆维护分为日常维护、一级维护和二级维护。日常维护由驾驶员实施，一级维护和二级维护由国际道路运输经营者组织实施，并做好记录。道路运输经营者应当依据国家有关标准和车辆维修手册、使用说明书等，结合车辆类别、车辆运行状况、行驶里程、道路条件、使用年限等因素，自行确定车辆维护周期，确保车辆正常维护。车辆维护作业项目应当按照国家关于汽车维护的技术规范要求确定。道路运输经营者可以对自有车辆进行二级维护作业，保证投入运营的车辆符合技术管理要求，无须进行二级维护竣工质量检测。道路运输经营者不具备二级维护作业能力的，可以委托二类以上机动车维修经营者进行二级维护作业。机动车维修经营者完成二级维护作业后，应当向委托方出具二级维护出厂合格证。

车辆检测是指道路运输车辆综合性能检测，包括对在用运输车辆的技术状况进行检测诊断，对汽车维修行业的维修车辆进行质量检测。

一是按周期和频次检测。经营者应当自道路运输车辆首次取得道路运输证当月起，按照下列周期和频次，进行检验检测和技术等级评定：

(1)客车自首次经国家机动车登记主管部门注册登记不满60个月的,每12个月进行1次检验检测和技术等级评定;超过60个月的,每6个月进行1次检验检测和技术等级评定。

(2)其他道路运输车辆自首次经国家机动车登记主管部门注册登记不满120个月的,每12个月进行1次检验检测和技术等级评定;超过120个月的,每6个月进行1次检验检测和技术等级评定。

二是检测机构要求。客车、危货车的检验检测和技术等级评定应当委托车籍所在地的机动车检验检测机构进行。货车的检验检测和技术等级评定可以在全国范围内自主选择机动车检验检测机构进行。从事道路运输车辆检验检测业务的机动车检验检测机构应当按照《机动车安全技术检验项目和方法》(GB 38900)实施检验检测,出具机动车检验检测报告,并在报告中备注车辆技术等级。

## 40  国际道路运输国籍识别标志是什么?

国际道路运输国籍识别标志是指识别从事国际道路运输车辆国籍的标志。在相关国际公约及双多边汽车运输协定中均规定,一国国际道路运输车辆进入其他国家领土,应当在其显著位置悬挂本国国籍识别标志,以表明自己的国籍,便于识别、查验和管理。《国际道路运输管理规定》第十九条第一款对此作出规定,从事国际道路运输的车辆应当标明本国的国际道路运输国籍识别标志。

## 41  国际道路运输国籍识别标志有什么要求?

根据国家标准《中华人民共和国国际道路运输车辆国籍识别

标志》(GB/T 24419—2009),我国统一的国籍识别标志分长期性车辆国籍识别标志和一次性车辆国籍识别标志两类,技术、外观、安装与放置要求如下:

(1)技术要求。长期性车辆国籍识别标志宜采用厚度为1.0～2.0mm的铝质材料,材料应符合《一般工业用铝及铝合金板、带材 第1部分:一般要求》(GB/T 3880.1)和《一般工业用铝及铝合金板、带材 第2部分:力学性能》(GB/T 3880.2)的规定。一次性车辆国籍识别标志应采用250g白卡纸,打印后可用塑封膜塑封。

(2)外观要求。①车辆国籍识别标志的正面应清晰、整齐、平滑、光洁、着色均匀,不应有明显的皱纹、气泡、颗粒杂质等缺陷或损伤;②长期性车辆国籍识别标志的字符和加强筋边缘不应有断裂;③车辆国籍识别标志反光面不同反光区域的反光效果应均匀;④长期性车辆国籍识别标志背面应有生产厂家名称和批号。

(3)安装与放置要求。长期从事国际道路运输的客货车辆每车应使用一副标志牌,固定在车前、车后显著位置,保持清晰、完整。长期性车辆国籍识别标志放大号(放大3倍)可在车辆左右两侧的适当位置进行喷涂,每侧仅限一个。短期从事国际道路运输的客货车辆每车使用一面纸质标识卡,放置于驾驶室前风窗玻璃右侧。

《国际道路运输管理规定》第十九条第二款规定,省级人民政府交通运输主管部门按照交通运输部规定的《国际道路运输国籍识别标志》式样,负责《国际道路运输国籍识别标志》的印制、发放、管理和监督使用。

## 42 国际道路运输从业人员有什么培训要求?

《国际道路运输管理规定》第二十五条第二款规定,国际道路运输经营者应当对所聘用的道路运输从业人员开展有关国际道路运输法规、外事规定、业务知识、操作规程的培训。

(1)有关国际道路运输法规主要包括《中华人民共和国道路运输条例》《国际道路运输管理规定》等国际道路运输相关法规、规章,中国与其他国家签署的国际道路运输协定、议定书,以及外方关于交通运输规则、交通通行规则等方面的要求。

(2)外事规定培训主要包括相关涉外政策、纪律、安全、保密和外事礼仪等方面的培训。

(3)业务知识培训主要包括驾驶员安全驾驶技能和服务技能方面的培训,例如交通风险辨识能力、特殊天气及道路条件下的安全驾驶技能、车辆安全检视能力、应急安全装置的使用方法、针对不同乘客心理需求的服务能力和突发事件应急处置操作等方面。

(4)操作规程培训主要包括对驾驶员等从业人员开展驾驶、装卸的安全操作(每个流程、要求和注意事项)进行的培训,加强作业过程的规范化、标准化。

## 43 如何编制国际道路运输境外突发事件应急预案?

境外突发事件,是指我国国际道路运输驾驶员等从业人员及其运输车辆进入其他国家后遇到的交通事故、突发性自然灾害、突然发生的严重公共卫生事件、火灾、爆炸、恐怖袭击、战争等事件。

《国际道路运输管理规定》第二十六条规定,国际道路运输经营者应当制定境外突发事件的道路运输应急预案。应急预案应当包括报告程序、应急指挥、应急车辆和设备的储备以及处置措施等内容。

（1）报告程序是指在境外发生交通事故、自然灾害以及其他突发事件时，国际道路运输经营者应与国内相关部门以及国外相关部门寻求联系，及时报告事故发生的时间、地点以及问题等情况。

（2）应急指挥是指国内管理部门按照职责，接到国际道路运输经营者在境外的情况报告后，及时协调采取救助措施，指导国际道路运输经营者按照国内、国外相关管理部门的组织和调度采取行动。

（3）应急车辆和设备的储备是指为预防交通事故、自然灾害以及其他突发事件发生，完成紧急运输任务运输车辆和运输设备的储备。

（4）处置措施是指处理交通事故、自然灾害以及其他突发事件和紧急运输过程中意外情况的措施。突发事件发生后应采取的处置措施，包括危险区的隔离、检测、抢险、救援及控制措施，人员紧急疏散、撤离，伤病人员的救护、救治，应急救援保障。

处理境外发生的突发事件是一项极为复杂的、国际性、时效性很强的紧急行为。从人员抢救到物资救济，从技术到管理，从决策到指挥，组成了一个完整的救助系统。

## 44　国际道路运输查验签章有何要求？

《国际道路运输管理规定》第三十四条第三款规定，口岸国际道路运输管理机构应当实行统一的国际道路运输查验签章。

（1）出境印章为椭圆形，长、短轴分别为 4.5cm 和 3cm；入境印章为矩形，长、宽分别为 4cm 和 3cm。

（2）出境和入境印章应为可拨调年月日的铜制印章。

## 45 外国国际道路运输经营者在我国境内开展跨境运输有何要求？

外国国际道路运输经营者在我国境内开展跨境运输应当遵守我国与其本国签订的双多边国际道路运输协定、我国与其本国共同签订的国际条约，以及我国国内相关法律法规规定，并接受我国交通运输、海关、边防检查、公安等有关部门的监督和管理。主要包括以下几个方面：

(1)遵守我国口岸通关相关监督管理要求。

(2)按照协定或议定书规定的运输线路或范围开展运输。

(3)在批准的站点上下旅客或者按照运输合同商定的地点装卸货物。

(4)禁止从事我国国内道路旅客和货物运输经营。

(5)禁止在我国境内自行承揽货物或者招揽旅客。

(6)依法在我国境内设立的常驻代表机构不得从事经营活动。

(7)遵守外国人住宿登记等规定。

## 46 为何禁止外国国际道路运输经营者从事我国国内道路旅客和货物运输经营？

目前，我国与有关国家签订的双边或多边汽车运输协定普遍作出规定，缔约一方的承运人及其运输车辆不得从事起点和终点均在缔约另一方领土上的客货运输。禁止外国国际道路运输经营者从事起始地和到达地都在中国境内的道路运输和自行承揽国内运输经营业务，有利于维护我国国内道路运输业务的正常经营秩序。

如果外国国际道路运输经营者在我国境内自行承揽货物或者招揽旅客，擅自从事我国境内的道路运输，就超越了其运输经营范围，属于未经批准的非法营运；不仅违背了双多边汽车运输协定的相关规定，而且将影响我国国内道路运输业务的正常市场秩序。

## 47 外国国际道路运输经营者在我国境内设立的常驻代表机构，由谁来管理？

《国务院关于第六批取消和调整行政审批项目的决定》（国发〔2012〕52 号）取消了"外国国际道路运输经营者在中国境内设立常驻代表机构审批"的要求。《外国企业常驻代表机构登记管理条例》规定，外国国际道路运输经营者在我国境内设立的常驻代表机构，应当向市场监管部门办理登记。代表机构不得从事营利性活动。为此，《中华人民共和国道路运输条例》第五十二条、《国际道路运输管理规定》第二十四条第四款规定，外国国际道路运输经营者依法在我国境内设立的常驻代表机构不得从事经营活动。交通运输主管部门如果发现常驻代表机构具有非法从事国际道路运输的行为，可按照《中华人民共和国道路运输条例》对其进行相应处罚。

## 48 对外国国际道路运输经营者的车辆有什么要求？

按照《国际道路运输管理规定》有关要求，外国国际道路运输经营者的车辆在中国境内运输，应当符合以下要求：

（1）具有本国的车辆登记牌照、登记证件。

（2）标明本国的国际道路运输国籍识别标志。

（3）符合我国有关运输车辆外廓尺寸、轴荷以及载质量的规定。根据《汽车、挂车及汽车列车外廓尺寸、轴荷及质量限值》（GB 1589），车辆外廓尺寸最大限值是货车列车，其长、宽、高分别为 20m、2.5m（厢式车为 2.55m）、4m（集装箱挂车列车 4.2m）；车辆轴荷最大限值是并装三轴的挂车，其最大允许轴荷最大限值是 24000kg；车辆最大允许总质量是具有六轴的汽车列车的 49t。

我国与外国签署有关运输车辆外廓尺寸、轴荷及载质量具体协议的，按协议执行。

（4）运载不可解体大型物件的，应遵守我国超限运输车辆行驶公路的相关规定，办理相关手续后，方可在我国境内运输。

（5）运输危险货物的，应符合我国危险货物运输有关法律、法规和规章要求，办理相关手续后，方可在我国境内运输。

（6）取得我国交通运输主管部门核发的行车许可证或者特别行车许可证。

（7）按照我国交通运输主管部门指定的停靠站（场）停放。

## 49　对外国国际道路运输经营者的车辆费收等事项是如何约定的？

对于外国国际道路运输经营者的车辆费收，根据《国际道路运输管理规定》第二十八条，应当按照我国与相关国家政府签署的有关协定执行。采用非歧视原则，即对我国本国登记的运输车辆征收的费用事项同等适用于外国国际道路运输经营者的车辆，其需要按规定进行缴纳。目前涉及的费用主要是购买机动车强制责任保险，以及缴纳公路、桥梁、隧道使用费等。

## 50 对外国国际道路运输经营者的驾驶员有什么要求？

按照《国际道路运输管理规定》有关要求,外国国际道路运输经营者的驾驶员应满足以下要求:

(1)持有与其驾驶的车辆类别相符的本国或国际驾驶证件及官方语言的翻译件。

(2)按照要求携带各种证件,并按照有关部门的要求出示,配合检查。

(3)严格遵守我国现行的法律法规。

(4)当出现国际道路运输突发事件时,应及时与我国国际道路运输主管部门取得联系。

# 二、旅 客 运 输

## 51 国际道路旅客运输行车路单是什么？

《国际道路运输管理规定》第二十一条第一款规定,我国从事国际道路旅客运输的经营者,应当使用国际道路旅客运输行车路单。

国际道路旅客运输行车路单是国际道路旅客运输车辆运行情况的原始凭证,也是交通运输主管部门考核车辆运用情况和进行统计的重要依据。行车路单由国际道路旅客运输经营者自行填写,驾驶员在出(入)境之前必须认真核对行车路单上的各项内容是否完整、正确,实际乘坐人数与行车路单所附旅客清单是否相符,如有不符的,要及时向交通运输主管部门、口岸国际道路运输管理机构以及海关、边防检查等部门报告。

由于国际道路运输需要通过口岸,经海关、边防检查等部门办理有关车辆、人员、货物出入境手续,因此,为了便利国际道路运输经营者在口岸办理通关手续,满足海关、边防检查等部门管理的需要,交通运输部统一规定了《国际道路旅客运输行车路单》的样式。

## 52 国际道路旅客运输行车路单中的旅客清单有什么作用?

旅客清单不仅便于国际道路运输经营者掌握乘客基本信息,便于处理紧急突发事件,保障乘客安全,而且便于国际道路运输经营者到海关、边防检查等部门办理通关手续。考虑到移动互联网等快速发展,国际道路旅客运输经营者也可以采取互联网等信息技术,在网络售票的同时真实记载国际道路旅客信息,并及时推送至海关、边防检查等部门提前办理相关预检手续。

## 53 定期国际道路旅客运输车辆有什么运行要求?

根据《国际道路运输管理规定》及国家间双多边国际道路运输协定的要求,从事定期国际道路旅客运输的车辆,应当按照规定的行车路线、班次及停靠站点运行;不得擅自变更运输车辆或者将旅客移交他人运输;不得从事国内运输。严禁利用定期国际道路旅客运输车辆客货混装,严禁利用定期国际道路旅客运输车辆运输危险货物。

# 三、货物运输

## 54 国际道路货物运单是什么？

《国际道路运输管理规定》第二十一条第二款规定，我国从事国际道路货物运输的经营者，应当使用国际道路货物运单。

国际道路货物运单是托运人向承运人运送货物的书面格式合同，是承托双方办理托运手续的依据，确定了承托双方的责任、义务和权益，经承托双方签字或盖章认可后即具有法律效力。当发生交通事故或运输纠纷时，国际道路货物运单是区分承运人与托运人责任的依据之一。国际道路货物运单一式四联，第一联存根，第二联交始发地海关，第三联交口岸地海关，第四联随车携带。

## 55 对外国国际道路运输经营者的车辆超限治理有什么要求？

为了保护我国公路基础设施，避免因为运输车辆超载超限带来的道路交通安全事故，以及对正常道路运输市场的干扰，《国际道路运输管理规定》第二十条规定，进入我国境内从事国际道路运输的外国运输车辆，应当符合我国有关运输车辆外廓尺寸、轴荷以及载质量的规定。外方车辆是否超限，则以国家标准《汽车、挂车及汽车列车外廓尺寸、轴荷及质量限值》（GB 1589）和交通运输部颁布实施的《超限运输车辆行驶公路管理规定》作为判断标准。

根据《超限运输车辆行驶公路管理规定》，大件运输车辆实行许可管理，承运人应当根据运输线路向不同层级的交通运输主管部门申请，并提交相应的许可申请材料。对于跨境超限运输车辆，目前我国与其他国家签订的双多边国际道路运输协定，均规定应当向缔约另一方的主管部门申请特别行车许可证，并且缔约另一方的主管部门可以为授权的省级人民政府交通运输主管部门。外国国际道路运输经营者拟从事载运不可解体大型物件的超限运输，应向拟通过边境口岸所在地的省级人民政府交通运输主管部门申请国际汽车运输特别行车许可证，省级人民政府交通运输主管部门应组织对外国国际道路运输经营者提交的申请材料进行审查，批准办理超限运输车辆通行证后，再予发放国际汽车运输特别行车许可证。

## 56 对外国国际道路运输经营者的车辆运输危险货物有什么要求？

《国际道路运输管理规定》第二十三条规定，进入我国境内运输危险货物的外国国际道路运输经营者，应当遵守我国危险货物运输有关法律、法规和规章的规定。目前，我国与其他国家签订的双多边国际道路运输协定或议定书规定，进入我国境内开展运输危险货物的，应当持有我国核发的特别行车许可证。申请特别行车许可证的程序和要求，可以向各边境省份交通运输主管部门咨询了解。

以俄方从事中俄跨境危险货物国际道路运输业务的承运人为例，其申请特别行车许可证，应当向拟入境我国口岸所在地的省级人民政府交通运输主管部门申请。申请材料主要包括：俄方危险货物道路运输企业资格证明文件、俄方驾驶员驾驶证、运输车辆登记证件、车辆及其设备证明文件、危险货物包装、容器和罐体证明文件、驾驶员符合 ADR 公约相关要求证明文件、俄方运输单据和应急指南、车辆投保中国境内机动车强制责任保险与危险货物承运人责任保险的证明、运输合同、运输方案（包括运输线路、运输期限等），以及上述材料的中文翻译件。受理机构组织审核时，应当征求公安等相关部门的意见。涉及跨省线路的，还应当征求沿途线路各省级人民政府交通运输主管部门的意见。

Chapter **4**

# 第四章　行车许可证管理

## 57 行车许可证制度是什么？

《国际道路运输管理规定》第二十九条规定,国际道路运输实行行车许可证制度。行车许可证是国际道路运输经营者在相关国家境内从事国际道路运输经营时行驶的通行凭证。行车许可证是签订国际道路运输协定的国家间开放路权的体现,是一国政府允许其他国家运输车辆通过本国开放的口岸,并在商定的开放区域或运输线路上行驶的法律证明文件。我国从事国际道路运输的车辆进出相关国家,应当持有相关国家的国际汽车运输行车许可证。外国从事国际道路运输的车辆进出我国,应当持有我国国际汽车运输行车许可证。目前我国政府与有关国家政府签署的汽车运输协定中,一般都规定采用行车许可证制度,主要考虑是一国道路交通基础设施容量、服务能力有限,同时考虑交通安全、环境保护以及不同国家国际道路运输经营者运输利益。

## 58 行车许可证的作用是什么？

行车许可证的本质是赋予外方运输车辆交通权的凭证。国际道路运输经营者只有持有合格的行车许可证,才被允许出入境开展国际道路运输,且在境外运输过程中,也会被要求出示检查行车许可证。行车许可证的作用主要有:

(1)确认国际道路运输经营者的身份。取得行车许可证,要求企业、车辆和驾驶员均需要满足一定资质或条件,从而确保国际道路运输安全,减少事故发生,避免不合格运输车辆、不具备资质的驾驶员出入境我国。

(2)特别行车许可证的发放可以加强重点货物的过程监管,

保护我国路产路权,以及社会公众生命财产和环境的安全。

(3)开展国际道路运输发展统计工作。

## 59　行车许可证的类别有哪些?

《国际道路运输管理规定》第三十条规定,我国国际汽车运输行车许可证分为国际汽车运输行车许可证和国际汽车运输特别行车许可证。根据我国与有关国家签署的汽车运输协定规定,国际汽车运输行车许可证主要包括:

(1)定期旅客运输行车许可证,是指按照我国与其他国家主管机关预先商定的路线、出入境口岸、始发站、停靠站和终点站开展的旅客运输车辆须持有的国际道路运输行车许可证。实行一车一证,每年发放一次,多次往返有效,使用完成后应上交至发放该行车许可证的行业主管部门。

(2)不定期旅客运输行车许可证,是指除定期旅客运输以外的国际道路旅客运输车辆须持有的国际道路运输行车许可证。实行一车一证,一次往返有效,使用完成后应上交至发放该行车许可证的行业主管部门。

(3)普通货物运输行车许可证,是指以普通货物为运输对象,往返于我国与其他国家领土间的双边运输、过境运输以及第三国运输车辆,须持有的国际道路运输行车许可证。目前实行一车一证,一次往返有效,使用完成后应上交至发放该行车许可证的行业主管部门。

(4)特别行车许可证,是指缔约一方允许缔约另一方国家承运人的危险货物、不可解体大型物件运输等特殊车辆,在本国领土上进行运输须持有的国际道路运输行车许可证。根据我国与有关国家签署的汽车运输协定,我国车辆开展国际道路危险货物运输、不可解体大型物件运输,需要向运输发生地国家申请国际汽车运输特别行车许可证。该证实行一车一证,一次往返有效。

## 60 行车许可证的式样是怎样的?

《国际道路运输管理规定》第三十一条规定,国际汽车运输行车许可证和国际汽车运输特别行车许可证的式样,由交通运输部与相关国家政府交通运输主管部门商定。边境口岸所在地的省级人民政府交通主管部门按照商定的式样,负责行车许可证的统一印制,并负责与相关国家交换。一般是一国一个式样,但主要内容是基本一致的。

国际汽车运输行车许可证由本国文字与运输相对国的文字共同组成,即双边运输由两种文字组成,多边运输由参加多边运输的国家文字组成,国家文字相同的则减少一种文字,由各国政府交通运输主管部门行政长官签名并加盖专用印章方为有效。

定期旅客运输行车许可证主要内容有:A 种类标识、许可证编号、承运人名称、详细地址、车辆号牌、有效期限(从使用当年的 1 月 1 日起到当年的 12 月 31 日止)、标记座位数、行车路线起讫地点、发证机关印章、批准人签字和发证日期等。

不定期旅客运输行车许可证主要内容有:B 种类标识、许可证编号、承运人名称、详细地址、车辆号牌、运输有效期限、旅客数量(分入境、出境)、行车路线起讫地点、出入境日期(分入境、出境)、发证机关印章、批准人签字和发证日期等。

普通货物运输行车许可证主要内容有:C 种类标识、许可证编号、承运人名称、详细地址、车辆号牌、运输有效期限、汽车标记吨位数、行车路线起讫地点、出入境日期(分入境、出境)、发证机关印章、批准人签字和发证日期等。

三种行车许可证的背面内容一般为使用规则等有关证明信息。

## 61　行车许可证是否有有效期？

《国际道路运输管理规定》第三十二条规定,国际汽车运输行车许可证和国际汽车运输特别通行证实行一车一证,应当在有效期内使用。经双方国家交通运输主管部门协商一致,可延长行车许可证的使用期限。运输车辆为半挂车、中置轴挂车列车、全挂汽车列车时,仅向牵引车辆发放行车许可证。

定期旅客运输行车许可证有效期为一年,可反复使用,但必须一辆客车一张行车许可证。

不定期旅客运输行车许可证和普通货物运输行车许可证有效期为往返运输 1 次,一辆客车或一辆货车使用一张行车许可证,车辆返程回本国时由口岸国际道路运输管理机构工作人员收回。

## 62　如何申领行车许可证？

《国际道路运输管理规定》第三十一条第三款规定,我国从事国际道路运输的经营者,向拟通过边境口岸所在地的省级人民政府交通运输主管部门申领国际汽车运输行车许可证。

目前,大多数边境口岸所在地省级人民政府交通运输主管部门已开发相应的国际道路运输管理系统,申请人可以通过网络申领行车许可证,申请条件主要有:

（1）企业条件：取得国际道路旅客运输经营许可或国际道路货物运输备案；购买运输发生地第三者强制责任保险和我国规定的相应承运人责任险；建立境外突发事件应急管理机制，制定相应应急预案并组织驾驶员等进行定期培训。

（2）车辆条件：取得合法有效的车辆道路运输证，经营范围为国际定期班车客运、国际不定期班车客运，且在有效的年审期限内；安装了符合标准的卫星定位装置；对货物运输，已办理车辆备案登记。

（3）驾驶员条件：具有合法有效的从业资格证和机动车驾驶证；与承运人签订固定劳动合同，并经过岗前培训，熟悉国际道路运输法规规章、外事纪律、机动车维修和旅客急救等相关知识，掌握境外突发事件应急处置基本方法。

## 63 如何印制、发放和管理行车许可证？

《国际道路运输管理规定》第三十一条规定，边境口岸所在地的省级人民政府交通运输主管部门按照商定的式样负责行车许可证的统一印制，并负责与相关国家交换。交换过来的相关国家国际汽车运输行车许可证，由边境所在地省级人民政府交通运输主管部门负责发放和管理。我国从事国际道路运输的经营者，向拟通过边境口岸所在地的省级人民政府交通运输主管部门申领国际汽车运输行车许可证。在实际工作中，一些省份委托地方或口岸国际道路运输主管部门代其负责行车许可证的发放工作。

《国际道路运输管理规定》第三十条规定，在我国境内从事国际道路危险货物运输经营的外国经营者，应当向拟通过边境口岸所在地的省级人民政府交通运输主管部门提出申请，由省级人民政府交通运输主管部门商有关部门批准后,向外国经营者的运输车辆发放国际汽车运输特别行车许可证。

国际汽车运输特别行车许可证不实行交换,外方运输企业向拟入境国相应的交通运输主管部门申领核发。

## 64　如何发放汽车列车的行车许可证?

《国际道路运输管理规定》第三十二条规定,国际道路运输车辆为半挂汽车列车、中置轴挂车列车、全挂汽车列车时,仅向牵引车发放行车许可证。

半挂汽车列车、中置轴挂车列车、全挂汽车列车由牵引车与半挂车、主车与全挂车组成。由于半挂车、全挂车没有动力,且牵引车与半挂车不是固定的,可以采用一车多挂,即一辆牵引车,配两辆及以上半挂车,所以,只对有动力的牵引车、主车发放行车许可证,对没有动力的半挂车、全挂车不发放行车许可证。因此,在汽车列车的情形下,只要牵引车取得一国核发的行车许可证,即使挂车或半挂车与牵引车不是同一注册编号或在其他国家注册,也可在该国从事国际道路运输活动。

## 65　使用行车许可证有何禁止性要求?

《国际道路运输管理规定》第三十三条规定,禁止伪造、变造、倒卖、转让、出租国际汽车运输行车许可证和国际汽车运输特别行车许可证。

(1)伪造是指擅自制造、印制有关管理部门发放的证件的一种行为。

(2)变造是指将原有的证件通过改造,改变原有证件内容的一种手法。

（3）倒卖是指将合法的证件卖给非法经营者使用，从中获取非法利益的行为。

（4）转让是指自己不经营而将合法证件转给别人使用的一种行为。

（5）出租是指将合法证件租给别人使用，从中获得租金的一种行为。

Chapter **5**

# 第五章 监督检查

## 66 国际道路运输监督检查的责任主体是谁？

《国际道路运输管理规定》第三十四条规定,国际道路运输监督检查的责任主体主要有两个方面:一是县级以上地方人民政府交通运输主管部门,具体负责在本行政区域内依法实施国际道路运输监督检查工作。二是口岸国际道路运输管理机构,具体负责口岸地包括口岸查验现场的国际道路运输管理及监督检查工作。

## 67 口岸国际道路运输管理机构的职责是什么？

《中华人民共和国道路运输条例》第五十一条规定,在口岸设立的国际道路运输管理机构应当加强对出入口岸的国际道路运输的监督管理。据此,《国际道路运输管理规定》第三十四条第二款规定,口岸国际道路运输管理机构的检查权限只能在口岸地包括口岸查验现场进行国际道路运输管理和监督检查。《国务院关于印发落实"三互"推进大通关建设改革方案的通知》(国发〔2014〕68号)对于口岸国际道路运输管理机构等口岸查验管理部门明确了有关改革思路和具体要求:一是立足更加积极主动的对外开放战略,强化跨部门、跨区域的内陆沿海沿边通关协作,完善口岸工作机制,实现口岸管理相关部门信息互换、监管互认、执法互助,提高通关效率,确保国门安全。二是通过加强口岸管理相关部门监管协作,优化作业流程,提高通关效率,切实做到管住管好又高效便利。三是充分发挥口岸管理相关部门现有职能作用,更加注重沟通、协作和构建伙伴关系,实现单向管理向多元治理的转变。

## 68　口岸国际道路运输管理机构的基本要求是什么？

《国际道路运输管理规定》第三十四条第三款规定，口岸国际道路运输管理机构应当悬挂"中华人民共和国××口岸国际道路运输管理站"标识牌；在口岸查验现场悬挂"中国运输管理"的标识，并实行统一的国际道路运输查验签章。查验签章应设置口岸名称、时间、出境或入境等内容，从而体现一国的形象和威严，规范管理，便于识别和辨认。

## 69　口岸国际道路运输管理机构的标识和签章的原则性要求是什么？

《中华人民共和国道路运输条例》第五十一条规定，在口岸设立的国际道路运输管理机构应当加强对出入口岸的国际道路运输的监督管理。为落实法规要求，《国际道路运输管理规定》第三十四条第二款规定，口岸国际道路运输管理机构负责口岸地包括口岸查验现场的国际道路运输管理及监督检查工作，并在第三十五条进一步细化了有关职责，主要包括以下四个方面：

（1）查验有关经营许可证件和业务证件，包括国际汽车运输行车许可证、国际汽车运输特别行车许可证、国际道路运输国籍识别标志和国际道路运输有关牌证等。

（2）记录、统计出入口岸的车辆、旅客、货物运输量以及国际汽车运输行车许可证、国际汽车运输特别行车许可证，定期向省级人民政府交通运输主管部门报送有关统计资料。

（3）监督检查国际道路运输的经营活动。对于发现的交通违法违章行为,应当及时予以查处。

(4)协调出入口岸运输车辆的通关事宜,为国际道路运输经营者做好国际道路运输管理方面的服务工作。

## 70 实施国际道路运输监督检查有什么要求?

《国际道路运输管理规定》第三十四条第四款规定,县级以上地方人民政府交通运输主管部门和口岸国际道路运输管理机构工作人员在实施国际道路运输监督检查时,应当出示行政执法证件。行政执法证件是行政执法人员依法履行职责、实施行政执法活动的身份证明,新修订的《中华人民共和国行政处罚法》对"亮证执法"作出了规定。行政执法人员在进行监督检查和调查取证,实施行政强制措施和行政强制执行,送达行政执法文书等行政执法活动时,应当主动出示执法证,表明执法身份。不出示执法证的,当事人或者有关人员有权拒绝。未依法取得执法证的人员,不得从事行政执法工作。

在执法证件制发方面,中共中央、国务院印发的《法治政府建设实施纲要(2021—2025年)》明确要求,统一行政执法人员资格管理,除中央垂直管理部门外由省级政府统筹本地区行政执法人员资格考试、证件制发、在岗轮训等工作,国务院有关业务主管部门应加强对本系统执法人员的专业培训,完善相关规范标准。司法部办公厅印发的《关于做好全国统一行政执法证件标准样式实施工作的通知》(司办通〔2020〕78号),对于行政执法证件样式等进行全国统一,明确了"持证上岗、亮证执法"等要求。根据交通运输综合行政执法体制改革有关部署和全国统一行政执法证件实施等工作安排,口岸国际道路运输管理机构的执法人员证件将由省级政府部门统筹制发,不再要求"交通部统一制式"。

## 71　对于国际道路运输经营者如何实施信用管理？

　　近年来，党中央、国务院对社会信用体系建设作出了一系列决策部署。习近平总书记多次作出指示批示，强调社会主义市场经济是信用经济、法治经济，要求完善市场准入和监管、产权保护、信用体系等方面的法律制度。国家层面陆续出台了《国务院关于建立完善守信联合激励和失信联合惩戒制度加快推进社会诚信建设的指导意见》(国发〔2016〕33号)、《国务院办公厅关于加快推进社会信用体系建设 构建以信用为基础的新型监管机制的指导意见》(国办发〔2019〕35号)、《国务院办公厅关于进一步完善失信约束制度构建诚信建设长效机制的指导意见》(国办发〔2020〕49号)等重要文件，以及《政府信息公开条例》《企业信息公示暂行条例》《征信业管理条例》等行政法规。此外，《交通强国建设纲要》提出，全面实施市场准入负面清单制度，构建以信用为基础的新型监管机制;《国家综合立体交通网规划纲要》也提出，以大数据、信用信息共享为基础，构建综合交通运输新型治理机制。习近平总书记的重要指示批示和党中央、国务院的一系列重要文件，需要在国际道路运输领域予以落地落实，也为开展国际道路运输信用管理提供了依据和支撑。

　　道路运输业是交通运输行业的重要组成部分，与人民群众生产生活息息相关。依法经营、诚实守信是国际道路运输经营者的基本行为准则，也是市场经济的重要基础。根据国家上述关于信用管理的有关政策要求，以及《中华人民共和国道路运输条例》第七十五条"县级以上人民政府交通运输主管部门应当将道路运输及其相关业务经营者和从业人员的违法行为记入信用记录，并依照有关法律、行政法规的规定予以公示"等有关规定，在保留现有监管措施的基础上,落实国务院关于加强事中事后监管的要求,增加了信用监管的原则性规定。在《国际道路运输管理规定》第三十六条第二款新增了有关内容,要求"交通运输主管部门应当依据有关法规加强对失信企业和失信人员的监督管理,督促国际道路运输经营者落实安全生产主体责任"。

# 第六章　法律责任

## 72 未按规定取得许可擅自从事国际道路旅客运输经营的,如何处罚?

《国际道路运输管理规定》第三十七条第一项规定,未取得国际道路旅客运输经营许可,擅自从事国际道路旅客运输经营的,要承担以下法律责任:由县级以上地方人民政府交通运输主管部门或者口岸国际道路运输管理机构责令停止经营;有违法所得的,没收违法所得,处违法所得 2 倍以上 10 倍以下的罚款;没有违法所得或者违法所得不足 2 万元的,处 3 万元以上 10 万元以下的罚款;构成犯罪的,依法追究刑事责任。

## 73 使用无效国际道路旅客运输经营许可证件从事国际道路旅客运输经营的情形有哪些?如何处罚?

失效、伪造、变造、被注销的无效国际道路旅客运输经营许可证件可以认定如下:

(1)失效的国际道路旅客运输经营许可证件是指过期的国际道路旅客运输经营许可证件。

(2)伪造的国际道路旅客运输经营许可证件是指当事人自己制作的或者购买的假的国际道路旅客运输经营许可证。

(3)变造的国际道路旅客运输经营许可证件是指将原有的国际道路旅客运输经营许可证件经过改造,改变原有证件内容。

(4)被注销的国际道路旅客运输经营许可证件是指已经被交通运输主管部门按规定注销的国际道路旅客运输经营许可证。

《国际道路运输管理规定》第三十七条第二项规定,使用失效、伪造、变造、被注销等无效国际道路旅客运输经营许可证件从事国际道路旅客运输经营的,应承担以下法律责任:由县级以上地方人民政府交通运输主管部门或者口岸国际道路运输管理机构责令停止经营;有违法所得的,没收违法所得,处违法所得2倍以上10倍以下的罚款;没有违法所得或者违法所得不足2万元的,处3万元以上10万元以下的罚款;构成犯罪的,依法追究刑事责任。

## 74 超越许可事项非法从事国际道路旅客运输经营的情形有哪些? 如何处罚?

超越许可事项非法从事国际道路旅客运输经营的情形有:

(1)取得定期国际道路旅客运输经营许可,但从事不定期国际道路旅客运输经营;

(2)取得不定期国际道路旅客运输经营许可,但从事定期国际道路旅客运输经营;

(3)取得定期国际道路旅客运输经营许可,也从事定期国际道路旅客运输经营,但运输班线与交通运输主管部门许可出具的国际道路旅客运输班线经营行政许可决定书不相符;

(4)其他超过许可经营范围的行为。

《国际道路运输管理规定》第三十七条第三项规定,超越许可的事项,非法从事国际道路旅客运输经营的,要承担以下法律责任:由县级以上地方人民政府交通运输主管部门或者口岸国际道路运输管理机构责令停止经营;有违法所得的,没收违法所得,处违法所得2倍以上10倍以下的罚款;没有违法所得或者违法所得不足2万元的,处3万元以上10万元以下的罚款;构成犯罪的,依法追究刑事责任。

## 75 从事国际道路货物运输经营未按规定进行备案的,如何处罚?

《国际道路运输管理规定》第三十八条规定,从事国际道路货物运输经营,未按规定进行备案的,由省级人民政府交通运输主管部门责令改正;拒不改正的,处5000元以上2万元以下的罚款。

## 76 非法转让、出租国际道路运输经营许可证件的,如何处罚?

转让、出租国际道路运输经营许可证件,属于违法违规行为。《国际道路运输管理规定》第三十九条规定,非法转让、出租国际道路运输经营许可证件的,由县级以上地方人民政府交通运输主管部门或者口岸国际道路运输管理机构责令停止违法行为,收缴有关证件,处2000元以上1万元以下的罚款;有违法所得的,没收违法所得。

## 77 转让、出租、伪造国际汽车运输行车许可证、国际汽车运输特别行车许可证、国际道路运输国籍识别标志等的,如何处罚?

《国际道路运输管理规定》第四十条规定,非法转让、出租、伪造国际汽车运输行车许可证、国际汽车运输特别行车许可证、国际道路运输国籍识别标志的,由县级以上地方人民政府交通运输主管部门或者口岸国际道路运输管理机构责令停止违法行为,收缴有关证件,处500元以上1000元以下的罚款;有违法所得的,没收违法所得。

## 78 自行调整国际道路运输线路、站点、班次运输的,如何处罚?

《国际道路运输管理规定》第四十一条第一项规定,国际道路旅客运输经营者不按批准的国际道路运输线路、站点、班次运输的,由县级以上地方人民政府交通运输主管部门或者口岸国际道路运输管理机构责令改正,处1000元以上3000元以下的罚款;情节严重的,由原许可机关吊销道路运输经营许可证。

## 79 自行变更运输车辆或者将旅客移交他人运输的,如何处罚?

《国际道路运输管理规定》第四十一条第二项规定,国际道路旅客运输经营者在旅客运输途中擅自变更运输车辆或者将旅客移交他人运输的,由县级以上地方人民政府交通运输主管部门或者口岸国际道路运输管理机构责令改正,处1000元以上3000元以下的罚款;情节严重的,由原许可机关吊销道路运输经营许可证。

## 80 擅自终止国际道路旅客运输经营的,如何处罚?

擅自终止国际道路旅客运输经营的行为,是指无正当理由未告知省级人民政府交通运输主管部门,在取得许可后180日内未经营或者停业时间超过180日的行为。

《国际道路运输管理规定》第四十一条第三项规定,国际道路旅客运输经营者未报告原许可机关,擅自终止国际道路旅客运输经营的,由县级以上地方人民政府交通运输主管部门或者口岸国际道路运输管理机构责令改正,处 1000 元以上 3000 元以下的罚款;情节严重的,由原许可机关吊销道路运输经营许可证。

## 81 违反国内道路旅客、货物运输有关规定的,如何处罚?

《国际道路运输管理规定》第四十二条规定,国际道路运输经营者违反道路旅客、货物运输有关规定的,按照相关规定予以处罚。国际道路运输经营者若违反国内道路旅客、货物运输有关法律法规,县级以上交通运输主管部门可以依据《中华人民共和国道路运输条例》以及配套的《道路旅客运输及客运站管理规定》《道路货物运输及站场管理规定》的处罚规定执行。

## 82 外国国际道路运输经营者未取得我国有效的行车许可证进入我国境内从事运营的情形有哪些? 如何处罚?

"外国国际道路运输经营者未取得我国有效的行车许可证"主要有以下两种情况:一是无行车许可证进入我国从事国际道路运输经营活动;二是有行车许可证但使用不当,如从事国际道路旅客运输却使用国际道路货物运输行车许可证、从事国际道路旅客运输经营却使用国际汽车运输特别行车许可证等。

《国际道路运输管理规定》第四十三条第一项规定,未取得我国有效的国际汽车运输行车许可证或者国际汽车运输特别行车许可证,外国国际道路运输经营者擅自进入我国境内从事国际道路运输经营或者运输危险货物的,由县级以上地方人民政府交通运输主管部门或者口岸国际道路运输管理机构责令改正;拒不改正的,责令停止运输,有违法所得的,没收违法所得,处违法所得 2 倍以上 10 倍以下的罚款,没有违法所得或者违法所得不足 1 万元的,处 3 万元以上 6 万元以下的罚款。

## 83 外国国际道路运输经营者从事我国国内道路旅客或货物运输的,如何处罚?

《国际道路运输管理规定》第四十三条第二项规定,外国国际道路运输经营者从事我国国内道路旅客或货物运输的,由县级以上地方人民政府交通运输主管部门或者口岸国际道路运输管理机构责令改正;拒不改正的,责令停止运输,有违法所得的,没收违法所得,处违法所得 2 倍以上 10 倍以下的罚款,没有违法所得或者违法所得不足 1 万元的,处 3 万元以上 6 万元以下的罚款。

## 84 外国国际道路运输经营者自行承揽货源或者招揽旅客的,如何处罚?

《国际道路运输管理规定》第四十三条第三项规定,外国国际道路运输经营者在我国境内自行承揽货源或招揽旅客的,由县级以上地方人民政府交通运输主管部门或者口岸国际道路运输管理机构责令改正;拒不改正的,责令停止运输,有违法所得的,没收违法所得,处违法所得 2 倍以上 10 倍以下的罚款,没有违法所得或者违法所得不足 1 万元的,处 3 万元以上 6 万元以下的罚款。

**85** 外国国际道路运输经营者不按照规定的运输线路、站点、班次、停靠站(场)运行的,如何处罚?

《国际道路运输管理规定》第四十三条第四项规定,外国国际道路运输经营者未按规定的运输线路、站点、班次、停靠站(场)运行的,由县级以上地方人民政府交通运输主管部门或者口岸国际道路运输管理机构责令改正;拒不改正的,责令停止运输,有违法所得的,没收违法所得,处违法所得 2 倍以上 10 倍以下的罚款,没有违法所得或者违法所得不足 1 万元的,处 3 万元以上 6 万元以下的罚款。

**86** 外国国际道路运输经营者未标明本国国际道路运输国籍识别标志的,如何处罚?

《国际道路运输管理规定》第四十三条第五项规定,外国国际道路运输经营者未标明本国《国际道路运输国籍识别标志》的,由县级以上地方人民政府交通运输主管部门或者口岸国际道路运输管理机构责令改正;拒不改正的,责令停止运输,有违法所得的,没收违法所得,处违法所得 2 倍以上 10 倍以下的罚款,没有违法所得或者违法所得不足 1 万元的,处 3 万元以上 6 万元以下的罚款。

需要指出的是,2023 年 7 月 20 日,国务院公布了《国务院关于修改和废止部分行政法规的决定》(国务院令 764 号),明确将《中华人民共和国道路运输条例》第七十五条改为第七十四条,删去第一款中的"或者未标明国籍识别标志"。增加一款,作为第二款:"外国国际道路运输经营者未按照规定标明国籍识别标志的,由省、自治区、直辖市人民政府交通运输主管部门责令停止运输,处 200 元以上 2000 元以下的罚款。"

各地在执行过程中,应当按照《中华人民共和国道路运输条例》最新修订的规定执行。《国际道路运输管理规定》也将对上述相关内容作配套修改。

## 87　国际道路运输监督检查工作人员违反相关规定要求的,如何处罚?

《国际道路运输管理规定》第四十四条规定,县级以上地方人民政府交通运输主管部门以及口岸国际道路运输管理机构有下列行为之一的,对负有责任的主管人员和责任人员,视情节轻重,依法给予行政处分;造成严重后果、构成犯罪的,依法追究其刑事责任。

(1)不按照规定的条件、程序和期限实施国际道路运输行政许可或者备案的。

(2)参与或者变相参与国际道路运输经营的。

(3)发现未经批准的单位和个人擅自从事国际道路运输经营活动,或者发现国际道路运输经营者有违法行为不及时查处的。

(4)违反规定拦截、检查正常行驶的道路运输车辆的。

(5)违法扣留运输车辆、车辆营运证的。

（6）索取、收受他人财物，或者谋取其他利益的。

（7）违法实施行政处罚的。

（8）其他违法行为。

# Chapter 7

## 第七章 其他

# 一、相 关 概 念

## 88 双边运输、过境运输和往(返)第三国运输是什么？

双边运输是指缔约一方国家承运人的运输车辆从事在缔约双方领土之间的运输。

过境运输是指缔约一方国家承运人的运输车辆经过缔约另一方国家领土从事运输,但出发地和目的地都不在缔约另一方国境内。

往(返)第三国运输是指缔约一方允许缔约另一方国家承运人的运输车辆从缔约一方国家领土到第三国,或是从第三国返回缔约一方国家领土从事运输。

## 89 我国与周边哪些国家有国际道路运输经营活动？

与我国接壤的国家共有 14 个,分别是朝鲜、蒙古国、俄罗斯、哈萨克斯坦、吉尔吉斯斯坦、塔吉克斯坦、阿富汗、巴基斯坦、印度、尼泊尔、不丹、缅甸、老挝、越南。目前,除阿富汗、印度、不丹 3 个国家之外,其余 11 个国家均与我国签署了汽车运输协定,并开展国际道路运输经营活动。

## 90 "一带一路"倡议是什么？

"一带一路"(The Belt and Road,缩写 B&R)是"丝绸之路

经济带"和"21世纪海上丝绸之路"的简称。2013年9月和10月，习近平主席在出访中亚和东南亚国家期间，着眼人类前途命运及中国和世界发展大势，先后提出共建"丝绸之路经济带"和"21世纪海上丝绸之路"的重大倡议，得到国际社会高度关注。

"一带一路"建设是一项系统工程，要坚持共商、共建、共享原则，积极推进沿线国家发展战略的相互对接。为推进实施"一带一路"重大倡议，让古丝绸之路焕发新的生机活力，以新的形式使亚欧非各国联系更加紧密，互利合作迈向新的历史高度，2015年3月28日，国家发展和改革委员会、外交部、商务部联合发布了《推动共建丝绸之路经济带和21世纪海上丝绸之路的愿景与行动》。

十年来，在各方共同努力下，"一带一路"朋友圈不断扩大，累计150多个国家、30多个国际组织签署了合作文件。"一带一路"务实合作持续深化拓展，为各国发展经济、增加就业、改善民生作出了积极贡献，已经成为深受欢迎的国际公共产品和国际合作平台。

## 91 "六廊六路多国多港"是什么？

"六廊六路多国多港"是共建"一带一路"的主体框架，为各国参与"一带一路"合作提供清晰的导向。2019年4月，第二届"一带一路"国际合作高峰论坛开幕式上指出，在各方共同努力下，'六廊六路多国多港'的互联互通架构基本形成"。

（1）"六廊"是指新亚欧大陆桥经济走廊、中蒙俄经济走廊、中国—中亚—西亚经济走廊、中国—中南半岛经济走廊、中巴经济走廊、孟中印缅经济走廊。

（2）"六路"是指铁路、公路、航运、航空、管道和空间综合信息网络，是基础设施互联互通的主要内容。

（3）"多国"是指一批先期合作国家。

（4）"多港"是指若干保障海上运输大通道安全畅通的合作港口，通过与"一带一路"沿线国家共建一批重要港口和节点城市，进一步繁荣海上合作。

## 92 中欧班列是什么？

中欧班列是按照固定车次、线路、班期和全程运行时刻开行，往来于中国与欧洲以及"一带一路"沿线各国的集装箱等国际铁路联运班列，已成为中欧间除海运、空运外的第三种物流方式。2018 年以来，中欧班列年开行数量均突破《中欧班列建设发展规划（2016—2020 年）》确定的 5000 列的目标，开行数量和质量持续稳步提升，开行范围已拓展到欧洲 21 个国家，一列列"钢铁驼队"正成为中国与"一带一路"相关国家政策沟通、设施联通、贸易畅通、资金融通、民心相通的重要桥梁。

目前，中欧间已形成西、中、东三大铁路运输通道。西通道，主要吸引西南、西北、华中、华北、华东等地区进出口货源，经陇海、兰新线在新疆阿拉山口（霍尔果斯）铁路口岸与哈萨克斯坦、俄罗斯铁路相连，途经白俄罗斯、波兰等国铁路，通达欧洲其他各国。中通道，主要吸引华中、华北等地区进出口货源，经京广、京包、集二线在内蒙古二连浩特铁路口岸与蒙古国、俄罗斯铁路相连，途经白俄罗斯、波兰等国铁路，通达欧洲其他各国。东通道，主要吸引华东、华南、东北地区进出口货源，经京沪、京哈、滨州线在内蒙古满洲里铁路口岸、黑龙江绥芬河铁路口岸与俄罗斯铁路相连,途经白俄罗斯、波兰等国铁路,通达欧洲其他各国。

## 93 国家对外开放口岸是什么?

1985 年 9 月 18 日,国务院发布《国务院关于口岸开放的若干规定》(国发〔1985〕113 号),将口岸分为一类口岸和二类口岸。一类口岸是指由国务院批准开放的口岸(包括中央管理的口岸和由省、自治区、直辖市管理的部分口岸);二类口岸是指由省级人民政府批准开放并管理的口岸。

2002 年 2 月 22 日,国务院发布《国务院关于口岸开放管理工作有关问题的批复》(国函〔2002〕14 号),对国发〔1985〕113 号有关内容作出修改和完善,明确口岸是供人员、货物、物品和交通工具直接出入国(关、边)境的港口、机场、车站、跨境通道等。口岸按开放程度分为一类口岸和二类口岸。一类口岸是指允许中国籍和外国籍人员、货物、物品和交通工具直接出入国(关、边)境的海(河)、陆、空客货口岸(国家另有规定的除外);二类口岸是指仅允许中国籍人员、货物、物品和交通工具直接出入国(关、边)境的海(河)、空客货口岸,以及仅允许毗邻国家双边人员、货物、物品和交通工具直接出入国(关、边)境的铁路车站、界河港口和跨境公路通道。根据国家口岸管理办公室发布的《全国对外开放口岸一览表》,截至 2022 年底,全国共有经国务院批准对外开放口岸 313 个,包括水运口岸、航空口岸、铁路口岸和公路口岸四大类,其中水运口岸 129 个(其中内河 53 个)、航空口岸 81 个、铁路口岸 21 个、公路口岸 82 个。国际道路运输管理机构涉及的口岸,均指公路口岸。

## 94 国际贸易"单一窗口"是什么？

按照联合国对"单一窗口"的定义，"单一窗口"是使国际贸易和运输相关各方在单一登记点递交满足全部进口、出口和转关相关监管规定的标准资料和单证的一项措施。如果为电子报文，则只需一次性提交各项数据。

在国务院口岸工作部际联席会议统筹推进下，由国家口岸管理办公室牵头，公安部、交通运输部等25家口岸相关单位组成"单一窗口"建设工作组，统筹推进国际贸易"单一窗口"标准版建设并在全国推广应用。中国电子口岸数据中心作为技术承办单位负责中央层面的建设和运维工作。经过多年建设，"单一窗口"已经实现与25个部门的"总对总"系统对接和信息共享，建设完成16大功能模块，提供企业服务事项达598项，覆盖到水运、空运、公路、铁路等各类口岸，以及特殊监管区域、自贸试验区、跨境电商综试区等各类区域，服务于生产、贸易、仓储、物流、电商、金融等各类企业，基本满足企业"一站式"业务办理需求。"单一窗口"累计注册用户达260万余家，日申报业务量800余万票，成为企业面对口岸管理相关部门的主要接入服务平台。

"单一窗口"将大通关流程由"串联"改为"并联"，实现一点接入、一次提交、一次查检、一键跟踪、一站办理的"五个一"功能特色，有效促进了"减优提降"（减环节、优流程、提效率、降成本），持续改善口岸环境，促进贸易便利，取得了明显成效。

## 95 ADR 公约是什么？

　　1957 年,联合国欧洲经济委员会从保障危险货物道路运输安全、促进经济社会可持续发展的角度,制定了《危险货物国际道路运输欧洲公约》(ADR 公约)。2019 年 5 月 13 日,联合国欧洲经济委员会将《危险货物国际道路运输欧洲公约》修改为《危险货物国际道路运输公约》。ADR 公约包括总则、分类、品名表及特殊规定、包装容器、托运程序、包装与容器制造与试验、运输操作等 9 个部分。ADR 公约为各缔约国规范境内及跨境危险货物道路运输管理提供了一个国际法律框架和技术规章。

## 96 《大湄公河次区域便利货物及人员跨境运输协定》(GMS 便利运输协定)是什么？

　　《大湄公河次区域便利货物及人员跨境运输协定》(GMS 便利运输协定)是大湄公河次区域(GMS)经济合作框架下的重要内容。1999 年 11 月 26 日,老挝、泰国、越南三国先行签署了该协定;2001 年 11 月 29 日,柬埔寨政府加入经修正案修订的协定;2002 年 11 月 3 日,我国政府加入经修正案修订的协定;2003 年 9 月 19 日,缅甸政府加入经修正案修订的协定。

　　GMS 便利运输协定主要包括跨境手续、道路标志、运输价格、海关检查、车辆管理等涉及交通运输领域的便利化措施,旨在实现 GMS 六国之间人员和货物的便捷流动,使该次区域公路网发挥最大效益,使 GMS 各国在交通基础设施投资的"硬件"方面与便利客货运输的"软件"方面协调发展。

　　2018 年 3 月,中国、越南、老挝、缅甸、柬埔寨、泰国等 GMS 六国政府共同签署了《关于实施〈大湄公河次区域便利货物及人员跨境运输协定〉"早期收获"的谅解备忘录》,进一步推动整个区域运输便利化,促进区域货物和人员往来。

# 二、TIR 运输

## 97 TIR 公约是什么?

TIR 公约全称为《TIR 证国际货物运输海关公约》,亦称为《国际公路运输公约》(1975 年),是在联合国欧洲经济委员会的主持下制定,并授权由 1948 年成立于瑞士日内瓦的国际道路运输联盟(IRU)负责管理。截至 2023 年 3 月,该公约有 78 个缔约国,另有 20 多个国家正在寻求加入,已成为具有普遍性的海关过境制度。通过 TIR 运输,可以实现海关监管互认、沿途原则不开箱,最高提供 10 万欧元海关税费担保,有利于安全可靠运输、提高运输效率、降低运输成本和风险。当前,全球每月约有 8 万辆货车使用 TIR 进行跨境运输。据测算,TIR 运输最多能帮助节省 58% 的通关时间和 38% 的运输成本。

## 98 在中国从事 TIR 运输有什么要求?

我国于 2016 年 7 月加入 TIR 公约,成为第 70 个缔约国。海关总署为该公约的实施主管机关。为做好公约实施工作,海关总署先后发布 2018 年第 30 号、2018 年第 42 号、2019 年第 41 号、2019 年第 90 号公告,明确了 TIR 运输海关监管的各项管理要求,以试点方式逐步推进 TIR 运输业务,并于 2019 年 6 月 25 日起在中国境内全面实施。

根据海关总署公告要求,从事 TIR 运输应当持有由 TIR 公约缔约国担保、发证机构发放的 TIR 证,车辆取得海关加封货物运输车辆批准证明书,并悬挂 TIR 标识牌。

## 99 TIR 证和海关加封货物运输车辆批准证明书由谁来签发?

经交通运输部推荐和海关总署授权,中国道路运输协会作为担保、发证机构负责 TIR 证的签发,交通运输部公路科学研究院汽车运输研究中心作为核批机构负责海关加封货物运输车辆批准证明书的签发。上述两证的签发,其前提为已经取得省级人民政府交通运输主管部门备案的国际道路货物运输经营者和国际道路货运车辆。

## 100 TIR 证持证人是什么?

TIR 证是一种国际海关文件,构成 TIR 制度的行政支柱之一,也是 TIR 制度下所运货物具备海关关税担保的证明。

TIR 证持证人是指根据 TIR 公约有关规定申领取得 TIR 证的国际道路货物运输经营者,并且以其名义用 TIR 证的形式提出海关申报,表明希望按 TIR 程序在起运地海关上货。TIR 证持证人负责向起运地海关、沿途海关和目的地海关交验公路车辆、车辆组合或集装箱及货载和相应的 TIR 证,并负责认真遵守 TIR 公约的其他有关规定。

## 101  申请使用 TIR 证需要具备哪些条件？

根据 TIR 公约、《中华人民共和国道路运输条例》和《国际道路运输管理规定》等相关规定，申请使用 TIR 证需具备以下条件：

（1）注册地在中华人民共和国境内的法人。

（2）有可资证明的相关经验，或者至少有经常从事国际运输的能力，如持有国际汽车运输行车许可证或其他相关授权证明。

（3）良好的财务状况。

（4）可资证明的 TIR 公约应用知识，参加过中国道路运输协会组织的相关培训。

（5）未曾严重或屡次违反海关法或税法。

（6）签署承诺声明。

## 102  申请使用 TIR 证需要提交哪些材料？

申请使用 TIR 证，需要向中国道路运输协会提交以下材料（复印件应加盖公章）：

（1）使用 TIR 证申请表一份。

（2）营业执照副本复印件。

（3）道路运输经营许可证等许可文件并取得国际道路货物运输备案，以及道路货物运输企业等级证书复印件。

（4）企业征信报告（中国人民银行出具）。

（5）企业法定代表人或实际控制人征信报告（中国人民银行出具）。

（6）企业经审计的近两年度财务报告。

（7）企业近两年度纳税申报表。

（8）无违反相关行业主管部门规定行为的声明。

（9）车辆审核机构核发的海关加封货物运输车辆批准证明书和（或）按制成后批准的批准证明书复印件。

上述材料需提交电子版和纸质版原件各一份。

## 103 申请使用 TIR 证及悬挂 TIR 标识牌后，是否还需要申领国际汽车运输行车许可证和国际道路运输国籍识别标志？

TIR 证是一种国际海关文件，也是所运货物具备国际担保的证明。按照《国际道路运输管理规定》第十九条、第三十一条规定，国际道路运输经营者申请使用 TIR 证及悬挂 TIR 标识牌的同时，还需要申领国际汽车运输行车许可证和国际道路运输国籍识别标志。

## 104 如何取得海关加封货物运输车辆批准证明书？

我国海关加封货物运输车辆批准证明书核发机构为交通运输部公路科学研究所汽车运输研究中心。该中心负责遴选并核准 TIR 运输车辆核查机构，指导核查机构开展 TIR 运输车辆核查工作；审查《TIR 运输车辆核查报告》和运输企业申请材料的符合性、有效性；对于符合 TIR 公约要求的车辆，出具海关加封货物道路运输车辆批准证明书。批准证明书有效期为 2 年。

截至 2023 年 3 月底，共确立有霍尔果斯国际机动车检测有限公司、大连汽车综合性能检测中心有限公司、绥芬河市远东机动车综合性能检测有限公司、喀什金陆机动车检测服务有限公司、乌兰察布市蓝天机动车检测有限公司、满洲里市安通车辆检测有限公司等 6 家车辆核查机构。

# 三、中俄危货协议实施

## 105 中俄危货协议的签署背景是什么？

2021 年 10 月 11 日，中国交通运输部部长李小鹏与俄罗斯联邦运输部部长维塔利·萨维利耶夫签署了《中华人民共和国交通运输部与俄罗斯联邦运输部关于危险货物国际道路运输协议》（以下简称《中俄危货协议》）。

该协议是两国交通运输主管部门落实 2018 年 6 月 8 日签订的《中华人民共和国政府与俄罗斯联邦政府国际道路运输协定》具体举措。协议以 ADR 公约为基础，是中国首个同外方缔结的关于危险货物国际道路运输合作文件。协议的签署将有效激活中俄危险货物国际道路运输市场活力，促进包括液化石油气、天然气、液态氧气等货物往来，对深化中俄双边经贸合作具有重要意义。

## 106 从事中俄跨境道路危险货物运输的条件和要求是什么？

《中俄危货协议》明确了中俄危险货物国际道路运输的有关规则，具体如下：

（1）根据《中俄危货协议》第六条、第七条有关规定，车辆及其设备应符合 ADR 公约附录 B 中 8.1 章、9.1 章和 9.2 章的要求,应当取得生产企业出具的危险货物运输车辆合格证和交通运输主管部门配发的车辆道路运输证。

（2）包装、容器和罐式车辆罐体应符合 ADR 公约附录 A 第 4 部分和第 6 部分的要求,其中包装应当取得出境危险货物运输包装使用鉴定结果单,可移动罐柜或者集装箱、罐式车辆罐体应当取得具备相关能力及资质的检验机构出具的证明。

（3）驾驶员应当持有相应的道路运输从业资格证,并符合 ADR 公约附录 A 第 1.3 章和附录 B 第 8 部分的要求。

（4）各省级人民政府交通运输主管部门应当按照部统一编制的 ADR 公约危险货物国际道路运输驾驶员考试大纲和考试题库组织考试,并对考试合格者发放合格证。

（5）在运输过程中,驾驶员应当随车携带车辆、驾驶员、包装、容器和罐体有关证明文件,以及运输单据和应急指南(安全卡)等。

## 107 如何申领中俄跨境道路危险货物运输特别行车许可证?

根据《中俄危货协议》第五条有关规定,在我国境内从事危险货物国际道路运输的,需要办理特别行车许可证。在俄罗斯联邦境内从事危险货物国际道路运输的,应当持有行车许可证;从事高风险危险货物国际道路运输的,应当办理特别行车许可证。特别行车许可证的发放程序由危险货物国际道路运输发生地国家的交通运输主管部门确定。

按照《国际道路运输管理规定》等规章要求,交通运输部制定了中俄国际道路运输特别行车许可证的有关发放程序,申请人可以向内蒙古自治区、黑龙江省、吉林省交通运输厅提出申请,有关程序如下:

（1）俄方企业向拟入境口岸所在地的省级人民政府交通运输主管部门或者其指定的口岸地交通运输主管部门提出申请，填写《中俄危险货物特别行车许可证申请表》，并提交上述申请材料及经公证的中文翻译件。

（2）受理申请机关组织对申请材料进行审核，并征求公安等相关部门意见。涉及跨省线路的，还应征求沿途线路省级人民政府交通运输主管部门意见。

（3）对符合条件的申请人，受理申请机关核发特别行车许可证。对不符合条件的，应书面说明。受理申请后，应在 20 个工作日予以审核完毕。

申请中俄道路危险货物运输特别行车许可证需要提交以下材料：

（1）俄方危险货物道路运输企业资格证明文件。

（2）俄方驾驶证。

（3）俄方运输车辆登记证件。

（4）俄方车辆及其设备证明文件。

（5）俄方包装、容器和罐体证明文件。

（6）俄方驾驶员符合 ADR 公约相关要求证明文件。

（7）俄方运输单据和应急指南。

（8）俄方车辆投保中国境内的机动车强制责任保险、危险货物承运人保险。

（9）运输合同。

（10）运输方案（包括运输线路、运输期限等）。

**108** 中俄跨境危险货物运输境内监管有哪些要求?

俄方运输企业危险货物道路运输车辆依法入境后,应当按照《中华人民共和国道路运输条例》《国际道路运输管理规定》等规定加强运输监管。除查验《国际道路运输国籍识别标志》和国际道路运输有关牌证等外,还应对有关单证、车辆及设备等实施查验。主要包括:

(1)单证查验。是否持有特别行车许可证(从事非高风险危险货物的中方车辆应当持有行车许可证);运输单据和应急指南(安全卡)、驾驶员证件是否与申请行车许可证时相符。车辆是否投保相应的危险货物运输承运人责任保险和机动车强制责任保险。

(2)车辆及设备查验。包括车辆及所载货物是否与行车许可证相符、是否悬挂危险货物矩形标志牌和菱形标志牌、车辆是否配备 ADR 公约所要求的灭火器具以及个人防护的装备和设备、车辆是否安装具有动态监管功能的车载终端等。

# 四、内地与港澳间道路运输

**109** 内地与香港特别行政区、澳门特别行政区之间的道路运输,参照国际道路运输还是国内道路运输的有关规定执行?

《中华人民共和国出境入境管理法》第八十九条规定,出境,是指由中国内地前往香港特别行政区、澳门特别行政区;入境,是指由香港特别行政区、澳门特别行政区进入中国内地。《中华人民共和国道路运输条例》第七十七条规定,内地与香港特别行政区、澳门特别行政区之间的道路运输,参照本条例的有关规定执行。"内地"是指中华人民共和国领域内的大陆全部关税领土,包括31个省、自治区和直辖市。《香港特别行政区基本法》《澳门特别行政区基本法》规定香港特别行政区、澳门特别行政区为单独的关税地区,内地和香港、澳门仍然存在边境口岸,道路运输双方的人员、车辆和货物的流动需要受到海关等方面的监管。所以,内地与香港特别行政区、澳门特别行政区之间的道路运输,参照《中华人民共和国道路运输条例》中国际道路运输规定的基本原则和主要制度执行。但内地与香港、澳门之间道路运输管理方式与国际道路运输有所不同,运输车辆分别使用内地和香港、内地和澳门两地车牌,没有采用行车许可证制度,而是采用直通港澳营业性车辆指标(包括客运车辆指标、货运车辆指标)控制配额的方法。

# Appendix

## 附录

## ●附录1

# 中华人民共和国道路运输条例

(2004 年 4 月 30 日中华人民共和国国务院令第 406 号公布根据 2012 年 11 月 9 日《国务院关于修改和废止部分行政法规的决定》第一次修订;根据 2016 年 2 月 6 日《国务院关于修改部分行政法规的决定》第二次修订;根据 2019 年 3 月 2 日《国务院关于修改部分行政法规的决定》第三次修订;根据 2022 年 3 月 29 日《国务院关于修改和废止部分行政法规的决定》第四次修订;根据 2023 年 8 月 21 日,《国务院关于修改和废止部分行政法规的决定》第五次修订)

## 第一章　总　　则

**第一条**　为了维护道路运输市场秩序,保障道路运输安全,保护道路运输有关各方当事人的合法权益,促进道路运输业的健康发展,制定本条例。

**第二条**　从事道路运输经营以及道路运输相关业务的,应当遵守本条例。

前款所称道路运输经营包括道路旅客运输经营(以下简称客运经营)和道路货物运输经营(以下简称货运经营);道路运输相关业务包括站(场)经营、机动车维修经营、机动车驾驶员培训。

**第三条**　从事道路运输经营以及道路运输相关业务,应当依法经营,诚实信用,公平竞争。

**第四条**　道路运输管理,应当公平、公正、公开和便民。

**第五条**　国家鼓励发展乡村道路运输,并采取必要的措施提高乡镇和行政村的通班车率,满足广大农民的生活和生产需要。

**第六条** 国家鼓励道路运输企业实行规模化、集约化经营。任何单位和个人不得封锁或者垄断道路运输市场。

**第七条** 国务院交通运输主管部门主管全国道路运输管理工作。

县级以上地方人民政府交通运输主管部门负责本行政区域的道路运输管理工作。

## 第二章 道路运输经营

### 第一节 客 运

**第八条** 申请从事客运经营的,应当具备下列条件:

(一)有与其经营业务相适应并经检测合格的车辆;

(二)有符合本条例第九条规定条件的驾驶人员;

(三)有健全的安全生产管理制度。

申请从事班线客运经营的,还应当有明确的线路和站点方案。

**第九条** 从事客运经营的驾驶人员,应当符合下列条件:

(一)取得相应的机动车驾驶证;

(二)年龄不超过 60 周岁;

(三)3 年内无重大以上交通责任事故记录;

(四)经设区的市级人民政府交通运输主管部门对有关客运法律法规、机动车维修和旅客急救基本知识考试合格。

**第十条** 申请从事客运经营的,应当依法向市场监督管理部门办理有关登记手续后,按照下列规定提出申请并提交符合本条例第八条规定条件的相关材料:

(一)从事县级行政区域内和毗邻县行政区域间客运经营的,

向所在地县级人民政府交通运输主管部门提出申请;

（二）从事省际、市际、县际（除毗邻县行政区域间外）客运经营的,向所在地设区的市级人民政府交通运输主管部门提出申请;

（三）在直辖市申请从事客运经营的,向所在地直辖市人民政府确定的交通运输主管部门提出申请。

依照前款规定收到申请的交通运输主管部门,应当自受理申请之日起20日内审查完毕,作出许可或者不予许可的决定。予以许可的,向申请人颁发道路运输经营许可证,并向申请人投入运输的车辆配发车辆营运证;不予许可的,应当书面通知申请人并说明理由。

对从事省际和市际客运经营的申请,收到申请的交通运输主管部门依照本条第二款规定颁发道路运输经营许可证前,应当与运输线路目的地的相应交通运输主管部门协商,协商不成的,应当按程序报省、自治区、直辖市人民政府交通运输主管部门协商决定。对从事设区的市内毗邻县客运经营的申请,有关交通运输主管部门应当进行协商,协商不成的,报所在地市级人民政府交通运输主管部门决定。

**第十一条** 取得道路运输经营许可证的客运经营者,需要增加客运班线的,应当依照本条例第十条的规定办理有关手续。

**第十二条** 县级以上地方人民政府交通运输主管部门在审查客运申请时,应当考虑客运市场的供求状况、普遍服务和方便群众等因素。

同一线路有3个以上申请人时,可以通过招标的形式作出许可决定。

**第十三条** 县级以上地方人民政府交通运输主管部门应当定期公布客运市场供求状况。

第十四条　客运班线的经营期限为 4 年到 8 年。经营期限届满需要延续客运班线经营许可的,应当重新提出申请。

第十五条　客运经营者需要终止客运经营的,应当在终止前 30 日内告知原许可机关。

第十六条　客运经营者应当为旅客提供良好的乘车环境,保持车辆清洁、卫生,并采取必要的措施防止在运输过程中发生侵害旅客人身、财产安全的违法行为。

第十七条　旅客应当持有效客票乘车,遵守乘车秩序,讲究文明卫生,不得携带国家规定的危险物品及其他禁止携带的物品乘车。

第十八条　班线客运经营者取得道路运输经营许可证后,应当向公众连续提供运输服务,不得擅自暂停、终止或者转让班线运输。

第十九条　从事包车客运的,应当按照约定的起始地、目的地和线路运输。

从事旅游客运的,应当在旅游区域按照旅游线路运输。

第二十条　客运经营者不得强迫旅客乘车,不得甩客、敲诈旅客;不得擅自更换运输车辆。

## 第二节　货　　运

第二十一条　申请从事货运经营的,应当具备下列条件:

(一)有与其经营业务相适应并经检测合格的车辆;

(二)有符合本条例第二十二条规定条件的驾驶人员;

(三)有健全的安全生产管理制度。

第二十二条　从事货运经营的驾驶人员,应当符合下列条件:

(一)取得相应的机动车驾驶证;

（二）年龄不超过 60 周岁；

（三）经设区的市级人民政府交通运输主管部门对有关货运法律法规、机动车维修和货物装载保管基本知识考试合格（使用总质量 4500 千克及以下普通货运车辆的驾驶人员除外）。

**第二十三条** 申请从事危险货物运输经营的，还应当具备下列条件：

（一）有 5 辆以上经检测合格的危险货物运输专用车辆、设备；

（二）有经所在地设区的市级人民政府交通运输主管部门考试合格，取得上岗资格证的驾驶人员、装卸管理人员、押运人员；

（三）危险货物运输专用车辆配有必要的通讯工具；

（四）有健全的安全生产管理制度。

**第二十四条** 申请从事货运经营的，应当依法向市场监督管理部门办理有关登记手续后，按照下列规定提出申请并分别提交符合本条例第二十一条、第二十三条规定条件的相关材料：

（一）从事危险货物运输经营以外的货运经营的，向县级人民政府交通运输主管部门提出申请；

（二）从事危险货物运输经营的，向设区的市级人民政府交通运输主管部门提出申请。

依照前款规定收到申请的交通运输主管部门，应当自受理申请之日起 20 日内审查完毕，作出许可或者不予许可的决定。予以许可的，向申请人颁发道路运输经营许可证，并向申请人投入运输的车辆配发车辆营运证；不予许可的，应当书面通知申请人并说明理由。

使用总质量 4500 千克及以下普通货运车辆从事普通货运经营的，无需按照本条规定申请取得道路运输经营许可证及车辆营运证。

第二十五条 货运经营者不得运输法律、行政法规禁止运输的货物。

法律、行政法规规定必须办理有关手续后方可运输的货物，货运经营者应当查验有关手续。

第二十六条 国家鼓励货运经营者实行封闭式运输，保证环境卫生和货物运输安全。

货运经营者应当采取必要措施，防止货物脱落、扬撒等。

运输危险货物应当采取必要措施，防止危险货物燃烧、爆炸、辐射、泄漏等。

第二十七条 运输危险货物应当配备必要的押运人员，保证危险货物处于押运人员的监管之下，并悬挂明显的危险货物运输标志。

托运危险货物的，应当向货运经营者说明危险货物的品名、性质、应急处置方法等情况，并严格按照国家有关规定包装，设置明显标志。

## 第三节 客运和货运的共同规定

第二十八条 客运经营者、货运经营者应当加强对从业人员的安全教育、职业道德教育，确保道路运输安全。

道路运输从业人员应当遵守道路运输操作规程，不得违章作业。驾驶人员连续驾驶时间不得超过4个小时。

第二十九条 生产(改装)客运车辆、货运车辆的企业应当按照国家规定标定车辆的核定人数或者载重量，严禁多标或者少标车辆的核定人数或者载重量。

客运经营者、货运经营者应当使用符合国家规定标准的车辆从事道路运输经营。

第三十条 客运经营者、货运经营者应当加强对车辆的维护和检测,确保车辆符合国家规定的技术标准;不得使用报废的、擅自改装的和其他不符合国家规定的车辆从事道路运输经营。

第三十一条 客运经营者、货运经营者应当制定有关交通事故、自然灾害以及其他突发事件的道路运输应急预案。应急预案应当包括报告程序、应急指挥、应急车辆和设备的储备以及处置措施等内容。

第三十二条 发生交通事故、自然灾害以及其他突发事件,客运经营者和货运经营者应当服从县级以上人民政府或者有关部门的统一调度、指挥。

第三十三条 道路运输车辆应当随车携带车辆营运证,不得转让、出租。

第三十四条 道路运输车辆运输旅客的,不得超过核定的人数,不得违反规定载货;运输货物的,不得运输旅客,运输的货物应当符合核定的载重量,严禁超载;载物的长、宽、高不得违反装载要求。

违反前款规定的,由公安机关交通管理部门依照《中华人民共和国道路交通安全法》的有关规定进行处罚。

第三十五条 客运经营者、危险货物运输经营者应当分别为旅客或者危险货物投保承运人责任险。

## 第三章 道路运输相关业务

第三十六条 从事道路运输站(场)经营的,应当具备下列条件:

(一)有经验收合格的运输站(场);

(二)有相应的专业人员和管理人员;

(三)有相应的设备、设施;

(四)有健全的业务操作规程和安全管理制度。

**第三十七条** 从事机动车维修经营的,应当具备下列条件:

(一)有相应的机动车维修场地;

(二)有必要的设备、设施和技术人员;

(三)有健全的机动车维修管理制度;

(四)有必要的环境保护措施。

国务院交通运输主管部门根据前款规定的条件,制定机动车维修经营业务标准。

**第三十八条** 从事机动车驾驶员培训的,应当具备下列条件:

(一)取得企业法人资格;

(二)有健全的培训机构和管理制度;

(三)有与培训业务相适应的教学人员、管理人员;

(四)有必要的教学车辆和其他教学设施、设备、场地。

**第三十九条** 申请从事道路旅客运输站(场)经营业务的,应当在依法向市场监督管理部门办理有关登记手续后,向所在地县级人民政府交通运输主管部门提出申请,并附送符合本条例第三十六条规定条件的相关材料。县级人民政府交通运输主管部门应当自受理申请之日起15日内审查完毕,作出许可或者不予许可的决定,并书面通知申请人。

从事道路货物运输站(场)经营、机动车维修经营和机动车驾驶员培训业务的,应当在依法向市场监督管理部门办理有关登记手续后,向所在地县级人民政府交通运输主管部门进行备案,并分别附送符合本条例第三十六条、第三十七条、第三十八条规定条件的相关材料。

**第四十条** 道路运输站(场)经营者应当对出站的车辆进行安全检查,禁止无证经营的车辆进站从事经营活动,防止超载车辆或者未经安全检查的车辆出站。

道路运输站(场)经营者应当公平对待使用站(场)的客运经营者和货运经营者,无正当理由不得拒绝道路运输车辆进站从事经营活动。

道路运输站(场)经营者应当向旅客和货主提供安全、便捷、优质的服务;保持站(场)卫生、清洁;不得随意改变站(场)用途和服务功能。

**第四十一条** 道路旅客运输站(场)经营者应当为客运经营者合理安排班次,公布其运输线路、起止经停站点、运输班次、始发时间、票价,调度车辆进站、发车,疏导旅客,维持上下车秩序。

道路旅客运输站(场)经营者应当设置旅客购票、候车、行李寄存和托运等服务设施,按照车辆核定载客限额售票,并采取措施防止携带危险品的人员进站乘车。

**第四十二条** 道路货物运输站(场)经营者应当按照国务院交通运输主管部门规定的业务操作规程装卸、储存、保管货物。

**第四十三条** 机动车维修经营者应当按照国家有关技术规范对机动车进行维修,保证维修质量,不得使用假冒伪劣配件维修机动车。

机动车维修经营者应当公布机动车维修工时定额和收费标准,合理收取费用,维修服务完成后应当提供维修费用明细单。

**第四十四条** 机动车维修经营者对机动车进行二级维护、总成修理或者整车修理的,应当进行维修质量检验。检验合格的,维修质量检验人员应当签发机动车维修合格证。

机动车维修实行质量保证期制度。质量保证期内因维修质量原因造成机动车无法正常使用的,机动车维修经营者应当无偿返修。

机动车维修质量保证期制度的具体办法,由国务院交通运输主管部门制定。

第四十五条  机动车维修经营者不得承修已报废的机动车，不得擅自改装机动车。

第四十六条  机动车驾驶员培训机构应当按照国务院交通运输主管部门规定的教学大纲进行培训,确保培训质量。培训结业的,应当向参加培训的人员颁发培训结业证书。

## 第四章  国际道路运输

第四十七条  国务院交通运输主管部门应当及时向社会公布中国政府与有关国家政府签署的双边或者多边道路运输协定确定的国际道路运输线路。

第四十八条  从事国际道路运输经营的,应当具备下列条件:

(一)依照本条例第十条、第二十四条规定取得道路运输经营许可证的企业法人;

(二)在国内从事道路运输经营满 3 年,且未发生重大以上道路交通责任事故。

第四十九条  申请从事国际道路旅客运输经营的,应当向省、自治区、直辖市人民政府交通运输主管部门提出申请并提交符合本条例第四十八条规定条件的相关材料。省、自治区、直辖市人民政府交通运输主管部门应当自受理申请之日起 20 日内审查完毕,作出批准或者不予批准的决定。予以批准的,应当向国务院交通运输主管部门备案;不予批准的,应当向当事人说明理由。

从事国际道路货物运输经营的,应当向省、自治区、直辖市人民政府交通运输主管部门进行备案,并附送符合本条例第四十八条规定条件的相关材料。

国际道路运输经营者应当持有关文件依法向有关部门办理

相关手续。

**第五十条** 中国国际道路运输经营者应当在其投入运输车辆的显著位置,标明中国国籍识别标志。

外国国际道路运输经营者的车辆在中国境内运输,应当标明本国国籍识别标志,并按照规定的运输线路行驶;不得擅自改变运输线路,不得从事起止地都在中国境内的道路运输经营。

**第五十一条** 在口岸设立的国际道路运输管理机构应当加强对出入口岸的国际道路运输的监督管理。

**第五十二条** 外国国际道路运输经营者依法在中国境内设立的常驻代表机构不得从事经营活动。

# 第五章 执法监督

**第五十三条** 县级以上地方人民政府交通运输、公安、市场监督管理等部门应当建立信息共享和协同监管机制,按照职责分工加强对道路运输及相关业务的监督管理。

**第五十四条** 县级以上人民政府交通运输主管部门应当加强执法队伍建设,提高其工作人员的法制、业务素质。

县级以上人民政府交通运输主管部门的工作人员应当接受法制和道路运输管理业务培训、考核,考核不合格的,不得上岗执行职务。

**第五十五条** 上级交通运输主管部门应当对下级交通运输主管部门的执法活动进行监督。

县级以上人民政府交通运输主管部门应当建立健全内部监督制度,对其工作人员执法情况进行监督检查。

**第五十六条** 县级以上人民政府交通运输主管部门及其工作人员执行职务时,应当自觉接受社会和公民的监督。

**第五十七条** 县级以上人民政府交通运输主管部门应当建

立道路运输举报制度,公开举报电话号码、通信地址或者电子邮件信箱。

任何单位和个人都有权对县级以上人民政府交通运输主管部门的工作人员滥用职权、徇私舞弊的行为进行举报。县级以上人民政府交通运输主管部门及其他有关部门收到举报后,应当依法及时查处。

**第五十八条** 县级以上人民政府交通运输主管部门的工作人员应当严格按照职责权限和程序进行监督检查,不得乱设卡、乱收费、乱罚款。

县级以上人民政府交通运输主管部门的工作人员应当重点在道路运输及相关业务经营场所、客货集散地进行监督检查。

县级以上人民政府交通运输主管部门的工作人员在公路路口进行监督检查时,不得随意拦截正常行驶的道路运输车辆。

**第五十九条** 县级以上人民政府交通运输主管部门的工作人员实施监督检查时,应当有 2 名以上人员参加,并向当事人出示执法证件。

**第六十条** 县级以上人民政府交通运输主管部门的工作人员实施监督检查时,可以向有关单位和个人了解情况,查阅、复制有关资料。但是,应当保守被调查单位和个人的商业秘密。

被监督检查的单位和个人应当接受依法实施的监督检查,如实提供有关资料或者情况。

**第六十一条** 县级以上人民政府交通运输主管部门的工作人员在实施道路运输监督检查过程中,发现车辆超载行为的,应当立即予以制止,并采取相应措施安排旅客改乘或者强制卸货。

**第六十二条** 县级以上人民政府交通运输主管部门的工作人员在实施道路运输监督检查过程中,对没有车辆营运证又无法当场提供其他有效证明的车辆予以暂扣的,应当妥善保管,不得使用,不得收取或者变相收取保管费用。

# 第六章　法律责任

**第六十三条**　违反本条例的规定,有下列情形之一的,由县级以上地方人民政府交通运输主管部门责令停止经营,并处罚款;构成犯罪的,依法追究刑事责任:

(一)未取得道路运输经营许可,擅自从事道路普通货物运输经营,违法所得超过 1 万元的,没收违法所得,处违法所得 1 倍以上 5 倍以下的罚款;没有违法所得或者违法所得不足 1 万元的,处 3000 元以上 1 万元以下的罚款,情节严重的,处 1 万元以上 5 万元以下的罚款;

(二)未取得道路运输经营许可,擅自从事道路客运经营,违法所得超过 2 万元的,没收违法所得,处违法所得 2 倍以上 10 倍以下的罚款;没有违法所得或者违法所得不足 2 万元的,处 1 万元以上 10 万元以下的罚款;

(三)未取得道路运输经营许可,擅自从事道路危险货物运输经营,违法所得超过 2 万元的,没收违法所得,处违法所得 2 倍以上 10 倍以下的罚款;没有违法所得或者违法所得不足 2 万元的,处 3 万元以上 10 万元以下的罚款。

**第六十四条**　不符合本条例第九条、第二十二条规定条件的人员驾驶道路运输经营车辆的,由县级以上地方人民政府交通运输主管部门责令改正,处 200 元以上 2000 元以下的罚款;构成犯罪的,依法追究刑事责任。

**第六十五条**　违反本条例的规定,未经许可擅自从事道路旅客运输站(场)经营的,由县级以上地方人民政府交通运输主管部门责令停止经营;有违法所得的,没收违法所得,处违法所得 2 倍以上 10 倍以下的罚款;没有违法所得或者违法所得不足 1 万元的,处 2 万元以上 5 万元以下的罚款;构成犯罪的,依法追究刑事责任。

从事机动车维修经营业务不符合国务院交通运输主管部门制定的机动车维修经营业务标准的,由县级以上地方人民政府交通运输主管部门责令改正;情节严重的,由县级以上地方人民政府交通运输主管部门责令停业整顿。

从事道路货物运输站(场)经营、机动车驾驶员培训业务,未按规定进行备案的,由县级以上地方人民政府交通运输主管部门责令改正;拒不改正的,处 5000 元以上 2 万元以下的罚款。

从事机动车维修经营业务,未按规定进行备案的,由县级以上地方人民政府交通运输主管部门责令改正;拒不改正的,处 3000 元以上 1 万元以下的罚款。

备案时提供虚假材料情节严重的,其直接负责的主管人员和其他直接责任人员 5 年内不得从事原备案的业务。

**第六十六条** 违反本条例的规定,客运经营者、货运经营者、道路运输相关业务经营者非法转让、出租道路运输许可证件的,由县级以上地方人民政府交通运输主管部门责令停止违法行为,收缴有关证件,处 2000 元以上 1 万元以下的罚款;有违法所得的,没收违法所得。

**第六十七条** 违反本条例的规定,客运经营者、危险货物运输经营者未按规定投保承运人责任险的,由县级以上地方人民政府交通运输主管部门责令限期投保;拒不投保的,由原许可机关吊销道路运输经营许可证。

**第六十八条** 违反本条例的规定,客运经营者、货运经营者有下列情形之一的,由县级以上地方人民政府交通运输主管部门责令改正,处 1000 元以上 2000 元以下的罚款;情节严重的,由原许可机关吊销道路运输经营许可证:

（一）不按批准的客运站点停靠或者不按规定的线路、公布的班次行驶的；

（二）在旅客运输途中擅自变更运输车辆或者将旅客移交他人运输的；

（三）未报告原许可机关，擅自终止客运经营的。

客运经营者强行招揽旅客，货运经营者强行招揽货物或者没有采取必要措施防止货物脱落、扬撒等的，由县级以上地方人民政府交通运输主管部门责令改正，处 1000 元以上 3000 元以下的罚款；情节严重的，由原许可机关吊销道路运输经营许可证。

**第六十九条** 违反本条例的规定，客运经营者、货运经营者不按规定维护和检测运输车辆的，由县级以上地方人民政府交通运输主管部门责令改正，处 1000 元以上 5000 元以下的罚款。

违反本条例的规定，客运经营者、货运经营者擅自改装已取得车辆营运证的车辆的，由县级以上地方人民政府交通运输主管部门责令改正，处 5000 元以上 2 万元以下的罚款。

**第七十条** 违反本条例的规定，道路旅客运输站（场）经营者允许无证经营的车辆进站从事经营活动以及超载车辆、未经安全检查的车辆出站或者无正当理由拒绝道路运输车辆进站从事经营活动的，由县级以上地方人民政府交通运输主管部门责令改正，处 1 万元以上 3 万元以下的罚款。

道路货物运输站（场）经营者有前款违法情形的，由县级以上地方人民政府交通运输主管部门责令改正，处 3000 元以上 3 万元以下的罚款。

违反本条例的规定，道路运输站（场）经营者擅自改变道路运输站（场）的用途和服务功能，或者不公布运输线路、起止经停站点、运输班次、始发时间、票价的，由县级以上地方人民政府交通运输主管部门责令改正；拒不改正的，处 3000 元的罚款；有违法所得的,没收违法所得。

第七十一条　违反本条例的规定,机动车维修经营者使用假冒伪劣配件维修机动车,承修已报废的机动车或者擅自改装机动车的,由县级以上地方人民政府交通运输主管部门责令改正;有违法所得的,没收违法所得,处违法所得2倍以上10倍以下的罚款;没有违法所得或者违法所得不足1万元的,处2万元以上5万元以下的罚款,没收假冒伪劣配件及报废车辆;情节严重的,由县级以上地方人民政府交通运输主管部门责令停业整顿;构成犯罪的,依法追究刑事责任。

第七十二条　违反本条例的规定,机动车维修经营者签发虚假的机动车维修合格证,由县级以上地方人民政府交通运输主管部门责令改正;有违法所得的,没收违法所得,处违法所得2倍以上10倍以下的罚款;没有违法所得或者违法所得不足3000元的,处5000元以上2万元以下的罚款;情节严重的,由县级以上地方人民政府交通运输主管部门责令停业整顿;构成犯罪的,依法追究刑事责任。

第七十三条　违反本条例的规定,机动车驾驶员培训机构不严格按照规定进行培训或者在培训结业证书发放时弄虚作假的,由县级以上地方人民政府交通运输主管部门责令改正;拒不改正的,责令停业整顿。

第七十四条　违反本条例的规定,外国国际道路运输经营者未按照规定的线路运输,擅自从事中国境内道路运输或者未标明国籍识别标志的,由省、自治区、直辖市人民政府交通运输主管部门责令停止运输;有违法所得的,没收违法所得,处违法所得2倍以上10倍以下的罚款;没有违法所得或者违法所得不足1万元的,处3万元以上6万元以下的罚款。

外国国际道路运输经营者未按照规定标明国籍识别标志的,

由省、自治区、直辖市人民政府交通运输主管部门责令停止运输，处 200 元以上 2000 元以下的罚款。

从事国际道路货物运输经营，未按规定进行备案的，由省、自治区、直辖市人民政府交通运输主管部门责令改正；拒不改正的，处 5000 元以上 2 万元以下的罚款。

**第七十五条** 县级以上人民政府交通运输主管部门应当将道路运输及其相关业务经营者和从业人员的违法行为记入信用记录，并依照有关法律、行政法规的规定予以公示。

**第七十六条** 违反本条例的规定，县级以上人民政府交通运输主管部门的工作人员有下列情形之一的，依法给予行政处分；构成犯罪的，依法追究刑事责任：

（一）不依照本条例规定的条件、程序和期限实施行政许可的；

（二）参与或者变相参与道路运输经营以及道路运输相关业务的；

（三）发现违法行为不及时查处的；

（四）违反规定拦截、检查正常行驶的道路运输车辆的；

（五）违法扣留运输车辆、车辆营运证的；

（六）索取、收受他人财物，或者谋取其他利益的；

（七）其他违法行为。

# 第七章　附　　则

**第七十七条** 内地与香港特别行政区、澳门特别行政区之间的道路运输，参照本条例的有关规定执行。

**第七十八条** 外商可以依照有关法律、行政法规和国家有关规定，在中华人民共和国境内采用中外合资、中外合作、独资形式投资有关的道路运输经营以及道路运输相关业务。

**第七十九条** 从事非经营性危险货物运输的,应当遵守本条例有关规定。

**第八十条** 县级以上地方人民政府交通运输主管部门依照本条例发放经营许可证件和车辆营运证,可以收取工本费。工本费的具体收费标准由省、自治区、直辖市人民政府财政部门、价格主管部门会同同级交通运输主管部门核定。

**第八十一条** 出租车客运和城市公共汽车客运的管理办法由国务院另行规定。

**第八十二条** 本条例自 2004 年 7 月 1 日起施行。

# ● 附录2

# 国际道路运输管理规定
## （交通运输部令 2022 年第 31 号）

## 第一章　总　　则

**第一条**　为规范国际道路运输经营活动,维护国际道路运输市场秩序,保护国际道路运输各方当事人的合法权益,促进国际道路运输业发展,根据《中华人民共和国道路运输条例》和我国政府与有关国家政府签署的汽车运输协定,制定本规定。

**第二条**　从事中华人民共和国与相关国家间的国际道路运输经营活动的,应当遵守本规定。

本规定所称国际道路运输,包括国际道路旅客运输、国际道路货物运输。

**第三条**　国际道路运输应当坚持平等互利、公平竞争、共同发展的原则。

国际道路运输管理应当公平、公正、公开和便民。

**第四条**　交通运输部主管全国国际道路运输工作。

省级人民政府交通运输主管部门按照有关规定,负责组织领导本行政区域内的国际道路运输工作。

## 第二章　经营许可和备案

**第五条**　从事国际道路运输经营活动的,应当具备下列条件:

（一）已经取得国内道路运输经营许可证的企业法人;

（二）从事国内道路运输经营满 3 年，且近 3 年内未发生重大以上道路交通责任事故；

道路交通责任事故是指驾驶人员负同等或者以上责任的交通事故；

（三）驾驶人员和从事危险货物运输的装卸管理人员、押运员应当符合《道路运输从业人员管理规定》有关规定；

（四）拟投入国际道路运输经营的运输车辆技术要求应当符合《道路运输车辆技术管理规定》有关规定；

（五）有健全的安全生产管理制度。

**第六条** 申请从事国际道路旅客运输经营的，应当向所在地省级人民政府交通运输主管部门提出申请，并提交以下材料：

（一）国际道路旅客运输经营许可申请表（式样见附件 1）；

（二）企业近 3 年内无重大以上道路交通责任事故证明或者承诺书；

（三）拟投入国际道路旅客运输经营的车辆的道路运输证和拟购置车辆承诺书，承诺书包括车辆数量、类型、技术性能、购车时间等内容；

（四）拟聘用驾驶员的机动车驾驶证、从业资格证；

（五）国际道路运输的安全管理制度：包括安全生产责任制度、安全生产业务操作规程、安全生产监督检查制度、驾驶员和车辆安全生产管理制度、道路运输应急预案等。

从事定期国际道路旅客运输的，还应当提交定期国际道路旅客班线运输的线路、站点、班次方案。

**第七条** 已取得国际道路旅客运输经营许可，申请新增定期国际旅客运输班线的，应当向所在地省级人民政府交通运输主管部门提出申请，提交下列材料：

（一）拟新增定期国际道路旅客班线运输的线路、站点、班次方案；

（二）拟投入国际道路旅客运输营运的车辆的道路运输证和拟购置车辆承诺书；

（三）拟聘用驾驶员的机动车驾驶证、从业资格证。

**第八条** 省级人民政府交通运输主管部门收到申请后，应当按照《交通行政许可实施程序规定》要求的程序、期限，对申请材料进行审查，并通过部门间信息共享、内部核查等方式获取申请人营业执照、已取得的道路客运经营许可、现有车辆等信息，作出许可或者不予许可的决定。

省级人民政府交通运输主管部门对符合法定条件的国际道路旅客运输经营申请作出准予行政许可决定的，应当出具《国际道路旅客运输经营行政许可决定书》（式样见附件2），明确经营主体、经营范围、车辆数量及要求等许可事项，在作出准予行政许可决定之日起10日内向被许可人发放《道路运输经营许可证》。对符合法定条件的国际道路旅客运输班线经营申请作出准予行政许可决定的，还应当出具《国际道路旅客运输班线经营行政许可决定书》（式样见附件3）。

《道路运输经营许可证》应当注明经营范围；《国际道路旅客运输班线经营行政许可决定书》应当注明班线起讫地、线路、停靠站点、经营期限以及班次。

省级人民政府交通运输主管部门予以许可的，应当向交通运输部备案。

对国际道路旅客运输经营申请决定不予许可的，应当在受理之日起20日内向申请人送达《不予交通行政许可决定书》，并说明理由，告知申请人享有依法申请行政复议或者提起行政诉讼的权利。

**第九条** 从事国际道路货物运输经营的，最迟不晚于开始国际道路货物运输经营活动的 15 日内向所在地省级人民政府交通运输主管部门备案,提交《国际道路货物运输经营备案表》(式样见附件 4),并附送符合本规定第五条规定条件的材料,保证材料真实、完整、有效。

第十条　省级人民政府交通运输主管部门收到国际道路货物运输经营备案材料后,对材料齐全且符合要求的,应当予以备案并编号归档;对材料不全或者不符合要求的,应当场或者自收到备案材料之日起 5 日内一次性书面通知备案人需要补充的全部内容。

省级人民政府交通运输主管部门应当向社会公布并及时更新已备案的国际道路货物运输经营者名单,便于社会查询和监督。

第十一条　非边境省、自治区、直辖市的申请人拟从事国际道路旅客运输经营的,应当向所在地省级人民政府交通运输主管部门提出申请。受理该申请的省级人民政府交通运输主管部门在作出许可决定前,应当与运输线路拟通过边境口岸所在地的省级人民政府交通运输主管部门协商;协商不成的,报交通运输部决定。交通运输部按照第八条第一款规定的程序作出许可或者不予许可的决定,通知所在地省级人民政府交通运输主管部门,并由所在地省级人民政府交通运输主管部门按照第八条第二款、第五款的规定颁发许可证件或者《不予交通行政许可决定书》。

第十二条　从事国际道路旅客运输的经营者应当按照承诺书的要求购置运输车辆。购置的车辆和已有的车辆经省级人民政府交通运输主管部门核实符合条件的,省级人民政府交通运输主管部门向拟投入运输的车辆配发《道路运输证》。

第十三条　从事国际道路运输的经营者凭《道路运输经营许可证》等许可文件或者备案文件到外事、海关、边防检查等部门办理有关运输车辆、人员的出入境手续。

**第十四条** 国际道路旅客运输经营者变更许可事项、扩大经营范围的,应当按照本规定办理许可申请。

国际道路旅客运输经营者变更名称、地址等,应当向原许可机关备案。

国际道路货物运输经营者名称、经营地址、主要负责人和货物运输车辆等事项发生变化的,应当向原办理备案的交通运输主管部门办理备案变更。

**第十五条** 国际道路旅客运输经营者在取得经营许可后,应当在 180 日内履行被许可的事项。有正当理由在 180 日内未经营或者停业时间超过 180 日的,应当告知省级人民政府交通运输主管部门。

国际道路运输经营者需要终止经营的,应当在终止经营之日 30 日前告知省级人民政府交通运输主管部门,并按照规定办理有关注销手续。

## 第三章 运营管理

**第十六条** 国际道路运输线路由起讫地、途经地国家交通运输主管部门协商确定。

交通运输部及时向社会公布中国政府与有关国家政府确定的国际道路运输线路。

**第十七条** 从事国际道路运输的车辆应当按照规定的口岸通过,进入对方国家境内后,应当按照规定的线路运行。

从事定期国际道路旅客运输的车辆,应当按照规定的行车路线、班次及停靠站点运行。

**第十八条** 外国国际道路运输经营者的车辆在中国境内运输,应当具有本国的车辆登记牌照、登记证件。驾驶人员应当持有与其驾驶的车辆类别相符的本国或国际驾驶证件。

**第十九条** 从事国际道路运输的车辆应当标明本国的国际道路运输国籍识别标志。

省级人民政府交通运输主管部门按照交通运输部规定的《国际道路运输国籍识别标志》式样(见附件5),负责《国际道路运输国籍识别标志》的印制、发放、管理和监督使用。

**第二十条** 进入我国境内从事国际道路运输的外国运输车辆,应当符合我国有关运输车辆外廓尺寸、轴荷以及载质量的规定。

我国与外国签署有关运输车辆外廓尺寸、轴荷以及载质量具体协议的,按协议执行。

**第二十一条** 我国从事国际道路旅客运输的经营者,应当使用《国际道路旅客运输行车路单》(见附件6)。

我国从事国际道路货物运输的经营者,应当使用《国际道路货物运单》(见附件7)。

**第二十二条** 进入我国境内运载不可解体大型物件的外国国际道路运输经营者,车辆超限的,应当遵守我国超限运输车辆行驶公路的相关规定,办理相关手续后,方可运输。

**第二十三条** 进入我国境内运输危险货物的外国国际道路运输经营者,应当遵守我国危险货物运输有关法律、法规和规章的规定。

**第二十四条** 禁止外国国际道路运输经营者从事我国国内道路旅客和货物运输经营。

外国国际道路运输经营者在我国境内应当在批准的站点上下旅客或者按照运输合同商定的地点装卸货物。运输车辆要按照我国交通运输主管部门指定的停靠站(场)停放。

禁止外国国际道路运输经营者在我国境内自行承揽货物或

者招揽旅客。

外国国际道路运输经营者依法在我国境内设立的常驻代表机构不得从事经营活动。

**第二十五条** 国际道路运输经营者应当使用符合国家规定标准的车辆从事国际道路运输经营,并按照国家有关规定进行运输车辆维护和定期检测。

国际道路运输经营者应当对所聘用的道路运输从业人员开展有关国际道路运输法规、外事规定、业务知识、操作规程的培训。

**第二十六条** 国际道路运输经营者应当制定境外突发事件的道路运输应急预案。应急预案应当包括报告程序、应急指挥、应急车辆和设备的储备以及处置措施等内容。

**第二十七条** 国际道路旅客运输的价格,按边境口岸所在地的省级人民政府交通运输主管部门与相关国家政府交通运输主管部门签订的协议执行。没有协议的,按边境口岸所在地省级物价部门核定的运价执行。

国际道路货物运输的价格,由国际道路货物运输的经营者自行确定。

**第二十八条** 对进出我国境内从事国际道路运输的外国运输车辆的费收,应当按照我国与相关国家政府签署的有关协定执行。

## 第四章 行车许可证管理

**第二十九条** 国际道路运输实行行车许可证制度。

行车许可证是国际道路运输经营者在相关国家境内从事国际道路运输经营时行驶的通行凭证。

我国从事国际道路运输的车辆进出相关国家,应当持有相关国家的国际汽车运输行车许可证。

外国从事国际道路运输的车辆进出我国,应当持有我国国际汽车运输行车许可证。

**第三十条** 我国国际汽车运输行车许可证分为《国际汽车运输行车许可证》和《国际汽车运输特别行车许可证》。

在我国境内从事国际道路旅客运输经营和普通货物运输经营的外国经营者,使用《国际汽车运输行车许可证》。

在我国境内从事国际道路危险货物运输经营的外国经营者,应当向拟通过边境口岸所在地的省级人民政府交通运输主管部门提出申请,由省级人民政府交通运输主管部门商有关部门批准后,向外国经营者的运输车辆发放《国际汽车运输特别行车许可证》。

**第三十一条** 《国际汽车运输行车许可证》《国际汽车运输特别行车许可证》的式样,由交通运输部与相关国家政府交通运输主管部门商定。边境口岸所在地的省级人民政府交通运输主管部门按照商定的式样,负责行车许可证的统一印制,并负责与相关国家交换。

交换过来的相关国家《国际汽车运输行车许可证》,由边境口岸所在地的省级人民政府交通运输主管部门负责发放和管理。

我国从事国际道路运输的经营者,向拟通过边境口岸所在地的省级人民政府交通运输主管部门申领《国际汽车运输行车许可证》。

**第三十二条** 《国际汽车运输行车许可证》《国际汽车运输特别行车许可证》实行一车一证,应当在有效期内使用。运输车辆为半挂汽车列车、中置轴挂车列车、全挂汽车列车时,仅向牵引车辆发放行车许可证。

**第三十三条** 禁止伪造、变造、倒卖、转让、出租《国际汽车运输行车许可证》《国际汽车运输特别行车许可证》。

# 第五章 监督检查

**第三十四条** 县级以上地方人民政府交通运输主管部门在本行政区域内依法实施国际道路运输监督检查工作。

口岸国际道路运输管理机构负责口岸地包括口岸查验现场的国际道路运输管理及监督检查工作。

口岸国际道路运输管理机构应当悬挂"中华人民共和国××口岸国际道路运输管理站"标识牌;在口岸查验现场悬挂"中国运输管理"的标识,并实行统一的国际道路运输查验签章(式样见附件8)。

县级以上地方人民政府交通运输主管部门和口岸国际道路运输管理机构工作人员在实施国际道路运输监督检查时,应当出示行政执法证件。

**第三十五条** 口岸国际道路运输管理机构在口岸具体负责如下工作:

(一)查验《国际汽车运输行车许可证》《国际汽车运输特别行车许可证》《国际道路运输国籍识别标志》和国际道路运输有关牌证等;

(二)记录、统计出入口岸的车辆、旅客、货物运输量以及《国际汽车运输行车许可证》《国际汽车运输特别行车许可证》,定期向省级人民政府交通运输主管部门报送有关统计资料;

(三)监督检查国际道路运输的经营活动;

(四)协调出入口岸运输车辆的通关事宜。

**第三十六条** 国际道路运输经营者应当接受当地县级以上地方人民政府交通运输主管部门和口岸国际道路运输管理机构的检查。

交通运输主管部门应当依据有关法规加强对失信企业和失信人员的监督管理,督促国际道路运输经营者落实安全生产主体责任。

# 第六章　法　律　责　任

**第三十七条**　违反本规定,有下列行为之一的,由县级以上地方人民政府交通运输主管部门或者口岸国际道路运输管理机构责令停止经营;有违法所得的,没收违法所得,处违法所得 2 倍以上 10 倍以下的罚款;没有违法所得或者违法所得不足 2 万元的,处 3 万元以上 10 万元以下的罚款;构成犯罪的,依法追究刑事责任:

(一)未取得国际道路旅客运输经营许可,擅自从事国际道路旅客运输经营的;

(二)使用失效、伪造、变造、被注销等无效国际道路旅客运输经营许可证件从事国际道路旅客运输经营的;

(三)超越许可的事项,非法从事国际道路旅客运输经营的。

**第三十八条**　从事国际道路货物运输经营,未按规定进行备案的,由省级人民政府交通运输主管部门责令改正;拒不改正的,处 5000 元以上 2 万元以下的罚款。

**第三十九条**　违反本规定,非法转让、出租国际道路运输经营许可证件的,由县级以上地方人民政府交通运输主管部门或者口岸国际道路运输管理机构责令停止违法行为,收缴有关证件,处 2000 元以上 1 万元以下的罚款;有违法所得的,没收违法所得。

**第四十条**　违反本规定,非法转让、出租、伪造《国际汽车运输行车许可证》《国际汽车运输特别行车许可证》《国际道路运输国籍识别标志》的,由县级以上地方人民政府交通运输主管部门或者口岸国际道路运输管理机构责令停止违法行为,收缴有关证件,处 500 元以上 1000 元以下的罚款;有违法所得的,没收违法所得。

**第四十一条** 违反本规定,国际道路旅客运输经营者有下列情形之一的,由县级以上地方人民政府交通运输主管部门或者口岸国际道路运输管理机构责令改正,处 1000 元以上 3000 元以下的罚款;情节严重的,由原许可机关吊销道路运输经营许可证:

(一)不按批准的国际道路运输线路、站点、班次运输的;

(二)在旅客运输途中擅自变更运输车辆或者将旅客移交他人运输的;

(三)未报告原许可机关,擅自终止国际道路旅客运输经营的。

**第四十二条** 国际道路运输经营者违反道路旅客、货物运输有关规定的,按照相关规定予以处罚。

**第四十三条** 外国国际道路运输经营者有下列行为之一,由县级以上地方人民政府交通运输主管部门或者口岸国际道路运输管理机构责令改正;拒不改正的,责令停止运输,有违法所得的,没收违法所得,处违法所得 2 倍以上 10 倍以下的罚款,没有违法所得或者违法所得不足 1 万元的,处 3 万元以上 6 万元以下的罚款:

(一)未取得我国有效的《国际汽车运输行车许可证》或者《国际汽车运输特别行车许可证》,擅自进入我国境内从事国际道路运输经营或者运输危险货物的;

(二)从事我国国内道路旅客或货物运输的;

(三)在我国境内自行承揽货源或招揽旅客的;

(四)未按规定的运输线路、站点、班次、停靠站(场)运行的;

(五)未标明本国《国际道路运输国籍识别标志》的。

**第四十四条** 县级以上地方人民政府交通运输主管部门以

及口岸国际道路运输管理机构有下列行为之一的,对负有责任的主管人员和责任人员,视情节轻重,依法给予行政处分;造成严重后果、构成犯罪的,依法追究其刑事责任:

(一)不按照本规定规定的条件、程序和期限实施国际道路运输行政许可或者备案的;

(二)参与或者变相参与国际道路运输经营的;

(三)发现未经批准的单位和个人擅自从事国际道路运输经营活动,或者发现国际道路运输经营者有违法行为不及时查处的;

(四)违反规定拦截、检查正常行驶的道路运输车辆的;

(五)违法扣留运输车辆、车辆营运证的;

(六)索取、收受他人财物,或者谋取其他利益的;

(七)违法实施行政处罚的;

(八)其他违法行为。

# 第七章　附　　则

**第四十五条**　本规定自公布之日起施行。2005 年 4 月 13 日以交通部令 2005 年第 3 号公布的《国际道路运输管理规定》同时废止。

## 附件1

<table>
<tr><td>国际道路旅客运输<br>经营许可申请表</td><td>受理申请机关专用<br><br><br></td></tr>
</table>

说明

1.本表根据《国际道路运输管理规定》制作,申请从事国际道路运输经营应当向所在地省级人民政府交通运输主管部门提出申请,填写本表,并同时提交其他相关材料。

2.本表可向各级交通运输主管部门免费索取,也可自行从交通运输部网站(http://www.mot.gov.cn)下载打印。

3.有关常见问题可查询交通运输部网站。

4.本表可手写或者打印,要求字迹工整。

申请人基本信息

| 申请人名称 | | (与营业执照名称一致) |
|---|---|---|
| 经营地址 | | |
| 企业法定代表人 | | 统一社会信用代码 | |
| 主要负责人姓名 | | 经办人姓名 | |
| 联系电话 | | 电子邮箱/传真 | |

申请材料清单

1.国际道路旅客运输经营申请表(本表)　□

2.企业近3年内无重大以上交通责任事故证明或者承诺书　□

3.拟投入国际道路旅客运输经营的车辆的道路运输证、机动车安全技术检验报告("备注"栏签注车辆技术等级)、拟购置运输车辆的承诺书　□

4.现有及拟聘用驾驶员的机动车驾驶证、从业资格证　□

5.国际道路运输的安全管理制度文本(安全生产责任制度、安全生产业务操作规程、安全生产监督检查制度、驾驶员和车辆安全生产管理制度、道路运输应急预案)　□

6.申请定期国际道路旅客运输线路的,还应提供线路、站点和班次方案(含始发地客运站、终到站客运站、途经边境口岸、途经停靠站点、班次等信息)　□

核查情况

1.企业法人营业执照　□

2._____年_____月取得道路运输经营许可证从事国内道路运输。　□

# 国际道路旅客运输申请内容

## 现有或者拟购置客运车辆情况

| 序号 | 道路运输证号（现有） | 厂牌型号 | 车辆数量（拟购置） | 座位（座） | 车辆技术等级 | 备注 |
|------|------|------|------|------|------|------|
| 1 | | | | | | |
| 2 | | | | | | |
| 3 | | | | | | |
| 4 | | | | | | |
| 5 | | | | | | |
| 6 | | | | | | |
| 7 | | | | | | |
| 8 | | | | | | |
| 9 | | | | | | |
| 10 | | | | | | |

## 现有或者拟聘用车辆驾驶员情况

| 序号 | 姓名 | 性别 | 年龄 | 取得驾驶证时间 | 从业资格证号 | 备注 |
|------|------|------|------|----------------|--------------|------|
| 1 |  |  |  |  |  |  |
| 2 |  |  |  |  |  |  |
| 3 |  |  |  |  |  |  |
| 4 |  |  |  |  |  |  |
| 5 |  |  |  |  |  |  |
| 6 |  |  |  |  |  |  |
| 7 |  |  |  |  |  |  |

表格不够，可另附表填写。

声明：

我声明本表及其他相关材料中提供的信息均真实可靠。

我知悉如此表中有故意填写的虚假信息，我取得的道路运输经营许可将被注销。我承诺我将遵守《中华人民共和国道路运输条例》及其他有关道路运输法规的规定。

负责人签名：＿＿＿＿＿　　日期：＿＿＿＿＿

负责人职位：＿＿＿＿＿

附件2

# 中华人民共和国
# 国际道路旅客运输经营行政许可决定书

_____国际运输____年度____号

_____:

你单位_____年_____月_____日已经取得_____(省、自治区、直辖市)交通运输主管部门行政许可,从事国际道路旅客运输经营。

道路运输经营许可证编号:_____

经营范围:国际道路旅客运输

批准投入车辆情况

车　辆　数:_____辆　车　　　　型:_____

座　　　位:_____　车辆技术等级:_____

请你单位持此决定书到外事、海关、边防检查以及口岸国际道路运输管理机构,按照规定办理相关手续。

_____(省、自治区、直辖市)

交通运输厅(局、委)

(印章)

××××年××月××日

抄送:××外事、海关、边防检查、口岸国际道路运输管理机构。

附件3

# 中华人民共和国
# 国际道路旅客运输班线经营行政许可决定书

_____国际运输____年度____号

_____：

你单位_____年_____月_____日已经取得

_____（省、自治区、直辖市）交通运输主管部门行政

许可，从事国际道路旅客运输班线经营。

道路运输经营许可证编号：_____

起点及站点：_____ 讫点及站点：_____

主要途经地：_____

停靠站点：_____

日发班次：_____ 车牌号码：_____

经营期限：___年___月___日至___年___月___日

请你单位持此决定书到外事、海关、边防检查以及口岸国际

道路运输管理机构，按照规定办理相关手续。

_____（省、自治区、直辖市）

交通运输厅（局、委）

（印章）

××××年××月××日

抄送：××外事、海关、边防检查、口岸国际道路运输管理机构。

附件4

# 国际道路货物运输经营备案表

（□首次备案 □备案变更）

| 经营者名称 | | | （与营业执照名称一致） | |
|---|---|---|---|---|
| 经营地址 | | | ××省(区、市)××市(州)××县(市、区)××街 (镇、乡)××号 | |
| 企业法定代表人 | | 统一社会信用代码 | | |
| 主要负责人 | 姓名 | | 身份证号 | |
| （填写企业法人任命的负责人） | 联系电话 | | 电子邮箱/传真 | |
| 备案 事项 | □普通货运(□专用运输(集装箱、冷藏保鲜、罐式) □大型物件运输) □危险货物运输 | | | |
| 经营 情况 | _____年_____月取得道路运输经营许可证从事道路普通货物运输 _____年_____月取得道路运输经营许可证从事道路危险货物运输 | | | |
| 备案 材料 | □1.企业近3年内无重大以上交通责任事故证明或者承诺书 □2.已投入或者拟投入国际道路货物运输经营的车辆的道路运输证、机动车安全技术检 验报告("备注"栏签注车辆技术等级)，拟购置运输车辆的承诺书 □3.现有及拟聘用驾驶员的机动车驾驶证、从业资格证 □4.从事危险货物运输的，还应当提交装卸管理员、押运员的从业资格证 □5.国际道路运输的安全管理制度文本(安全生产责任制度、安全生产业务操作规程、安 全生产监督检查制度、驾驶员和车辆安全生产管理制度、道路运输应急预案) | | | |
| 本经营者声明： 1.已知晓《中华人民共和国道路运输条例》《国际道路运输管理规定》等国际道路货物运输有关法律 法规及标准，知晓国际道路货物运输经营条件要求和备案要求； 2.所提供的备案材料信息内容真实、准确，不存在虚假记载、误导性陈述或者重大遗漏，所有文件的签 名、印章真实有效。如有不实之处，愿承担相应的法律责任。 法定代表人或主要负责人(签字)： 单位(盖章) 年 月 日 | | | | |
| □ 备案材料齐全且符合要求； □ 备案材料不齐全或者不符合要求,请补充:_____ 承办人(签字)： 年 月 日 | | 复核(签字)：_____ 备案编号：_____ 备案机关(盖章) 年 月 日 | | |

填写说明:1.请根据《国际道路运输管理规定》有关要求填写此表;2.备案材料:国际道路货物运输经营者应依法提交第1至5项材料;3.承办
人是指备案机关受理备案并对备案材料依法进行审查的工作人员,复核人是指备案机关对备案材料进行复核并备案编号的工作人员;4.办理
备案变更的,仅需填写变更事项,并与原备案表一并存档;5.本表一式两份,备案完成后由备案机关和备案国际道路运输经营者各留存一份。

备案表附表：

## 现有或者拟购置货物运输车辆情况

| 序号 | 车辆号牌（现有） | 道路运输证号（现有） | 厂牌型号 | 数量（拟购置） | 载重质量（吨） | 车辆技术等级 | 车辆类型 | 备注 |
|------|------|------|------|------|------|------|------|------|
| 1 | | | | | | | | |
| 2 | | | | | | | | |
| 3 | | | | | | | | |
| 4 | | | | | | | | |
| 5 | | | | | | | | |
| 6 | | | | | | | | |
| 7 | | | | | | | | |
| 8 | | | | | | | | |
| 9 | | | | | | | | |
| 10 | | | | | | | | |

## 现有或者拟聘用车辆驾驶员情况

| 序号 | 姓名 | 性别 | 年龄 | 取得驾驶证时间 | 从业资格证号 | 备注 |
|---|---|---|---|---|---|---|
| 1 | | | | | | |
| 2 | | | | | | |
| 3 | | | | | | |
| 4 | | | | | | |
| 5 | | | | | | |
| 6 | | | | | | |
| 7 | | | | | | |
| 8 | | | | | | |
| 9 | | | | | | |
| 10 | | | | | | |

表格不够，可另附表填写。

附件 5

## 中华人民共和国国际道路运输国籍识别标志（比例 1∶1）

（一次性标志背面）

# 中华人民共和国国际道路运输国籍识别标志

| 编　　号 | | |
|---|---|---|
| 车籍单位 | | |
| 车辆号牌 | 车型 | 吨（座）位 |
| 运输线路 | 自　　　　　　　　至 | |
| 有效期限 | 从　　年　　月　　日起至　　年　　月　　日止 | |
| 主管机关 | （章）<br><br>年　　月　　日 | 签发机关<br>（章）<br><br>年　　月　　日 |

说明：

1. 中华人民共和国国际道路运输国籍识别标志分为长期性和一次性两种：长期性标志为正面带编号的冲压式铝制标牌，固定在车辆保险杠右侧；一次性标志为纸质不干胶片，背面有填写内容，贴在车辆风挡玻璃右上角。

2. 国籍识别标志也可同时用漆喷制在车厢两侧或后侧。

3. 国籍识别标志为椭圆形，长、短轴分别为 24cm 和 14.5cm。

4. 国籍识别标志缩写为大写英文"CHN"，采用"Arial-Black"字体，字号为 80。

5. 一次性标志按长期性标志式样的 1/2 比例制作。

附件6

中华人民共和国
国际道路旅客运输
行车路单存根

（　）运管（　）字 №000000

| 领用单位 | |
| --- | --- |
| 道路运输证号 | |
| 驾驶员姓名 | |
| 车辆号牌 | |
| 车型 | |
| 运输线路 | |
| 旅客人数 | |
| 运距 | |
| 有效期 | |
| 签发人 | |
| 领用人 | |

----运管----字第----号----

〔CHN〕

中华人民共和国
国际道路旅客运输行车路单

运输单位：
运输线路：从

车号：　　　　座位：（　）运管（　）字 №0000000
驾驶员姓名：

| 起运地 | | 通过口岸 | | 到达地 | | 旅客人数 | 行包数量 | 行包重量 | 行驶里程 |
| --- | --- | --- | --- | --- | --- | --- | --- | --- | --- |
| 国家 | 地点 | 出境 | 入境 | 国家 | 地点 | （人） | （件） | （吨） | （公里） |
| | | | | | | | | | |
| 出境签章 | | 入境签章 | | 备注 | | | | | |
| | | | | | | | | | |

路单有效期 从 年 月 日 起 至 年 月 日

| 主管机关（章） | 签发机关（章） | 签发人： |
| --- | --- | --- |
| | | 回收人： |

备注：1.本路单一次性使用；2.此联随车携带，使用后按期交签发机关。

# 旅 客 清 单

| 序号 | 姓名 | 国籍 | 性别 | 护照(通行证)号码 | 备注 |
|------|------|------|------|------------------|------|
| 1 | | | | | |
| 2 | | | | | |
| 3 | | | | | |
| 4 | | | | | |
| 5 | | | | | |
| 6 | | | | | |
| 7 | | | | | |
| 8 | | | | | |
| 9 | | | | | |
| 10 | | | | | |
| 11 | | | | | |
| 12 | | | | | |
| 13 | | | | | |
| 14 | | | | | |
| 15 | | | | | |
| 16 | | | | | |
| 17 | | | | | |
| 18 | | | | | |

附件7

**国际道路货物运单**　　CHN　　No：000000

| 1. 发货人 | | | | 2. 收货人 | | | |
| --- | --- | --- | --- | --- | --- | --- | --- |
| 名称 | | | | 名称 | | | |
| 国籍 | | | | 国籍 | | | |
| 3. 装货地点 | | | | 4. 卸货地点 | | | |
| 国家　　　　　市 | | | | 国家　　　　　市 | | | |
| 街道 | | | | 街道 | | | |

| 5. 货物标记和号码 | 6. 件数 | 7. 包装种类 | 8. 货物名称 | 9. 体积(m³) | 10. 毛重(kg) |
| --- | --- | --- | --- | --- | --- |
| | | | | | |
| | | | | | |
| | | | | | |

| 11. 发货人指示 | | | | |
| --- | --- | --- | --- | --- |
| a. 进/出口许可证号码：　　　　　　从　　　　在　　　　海关 | | | | |
| b. 货物声明价值 | | | | |
| c. 发货人随附单证 | | | | |
| d. 订单或合同号 | | 包括运费交货点 | | |
| e. 其他指示 | | 不包括运费交货点 | | |

| 12. 运送特殊条件 | 13. 应付运费 | | | |
| --- | --- | --- | --- | --- |
| | 发货人 | 运费 | 币别 | 收货人 |
| 14. 承运人意见 | | | | |
| | | | | |
| | | | | |
| 15. 承运人 | 共计 | | | |

| 16. 编制日期 | 17. 收到本运单货物日期 |
| --- | --- |
| 　　到达装货　　时　　分 | |
| 　　离去　　　　时　　分 | 18. 到达卸货　　时　　分 |
| 　　发货人签字盖章 | 　　离去　　　　时　　分 |
| 　　承运人签字盖章 | 　　收货人签字盖章 |

| 19. 车辆号牌　　　　车辆吨位 | 20. 运输里程　　　过境里程 |
| --- | --- |
| 　　司机姓名　　　　拖挂车号 | 　　收货人境内里程 |
| 　　行车许可证号　　路单号 | 　　共计 |

| 21. 海关机构记载： | 22. 收货人可能提出的意见： |
| --- | --- |
| | |

说明：1.本运单使用中文和相应国家文字印制。2.本运单一般使用一式四联单。第一联：存根；第二联：始发地海关；第三联：口岸地海关；第四联：随车携带。(如是过境运输可印制6-8联的运单，供过境海关留存)

127

附件8

# 国际道路运输查验签章

说明：

1. 出境印章为椭圆形，长、短轴分别为 4.5 cm 和 3 cm；入境印章为矩形，长、宽分别为 4 cm 和 3 cm。

2. 该印章为可拨调年月日的铜制印章。

## ● 附录3

## 2005 年版、2022 年版《国际道路运输 管理规定》对照表

(增加的内容使用"黑体"标注,删除的内容使用"□"标注)

| 交通部令 2005 年第 3 号 | 交通运输部令 2022 年第 31 号 |
|---|---|
| 第一章　总则 | 第一章　总则 |
| 第一条　为规范国际道路运输经营活动,维护国际道路运输市场秩序,保护国际道路运输各方当事人的合法权益,促进国际道路运输业的发展,根据《道路运输条例》和我国政府与有关国家政府签署的汽车运输协定,制定本规定。 | 第一条　为规范国际道路运输经营活动,维护国际道路运输市场秩序,保护国际道路运输各方当事人的合法权益,促进国际道路运输业发展,根据《**中华人民共和国**道路运输条例》和我国政府与有关国家政府签署的汽车运输协定,制定本规定。 |
| 第二条　从事中华人民共和国与相关国家间的国际道路运输经营活动的,应当遵守本规定。<br><br>本规定所称国际道路运输,包括国际道路旅客运输、国际道路货物运输。 | 第二条　从事中华人民共和国与相关国家间的国际道路运输经营活动的,应当遵守本规定。<br><br>本规定所称国际道路运输,包括国际道路旅客运输、国际道路货物运输。 |
| 第三条　国际道路运输应当坚持平等互利、公平竞争、共同发展的原则。<br><br>国际道路运输管理应当公平、公正、公开和便民。 | 第三条　国际道路运输应当坚持平等互利、公平竞争、共同发展的原则。<br><br>国际道路运输管理应当公平、公正、公开和便民。 |

| 交通部令2005年第3号 | 交通运输部令2022年第31号 |
|---|---|
| **第一章　总则** | **第一章　总则** |
| **第四条**　交通部主管全国国际道路运输管理工作。<br><br>省级人民政府交通主管部门负责组织领导本行政区域内的国际道路运输管理工作。<br><br>省级道路运输管理机构负责具体实施本行政区域内的国际道路运输管理工作。 | **第四条**　交通**运输**部主管全国国际道路运输管理工作。<br><br>省级人民政府交通**运输**主管部门**按照有关规定**,负责组织领导本行政区域内的国际道路运输管理工作。<br><br>省级道路运输管理机构负责具体实施本行政区域内的国际道路运输管理工作。 |
| **第二章　经营许可** | **第二章　经营许可和备案** |
| **第五条**　申请从事国际道路运输经营活动的,应当具备下列条件:<br>(一)已经取得国内道路运输经营许可证的企业法人;<br>(二)从事国内道路运输经营满3年,且近3年内未发生重大以上道路交通责任事故;<br>道路交通责任事故是指驾驶人员负同等或者以上责任的交通事故;<br>(三)驾驶人员符合第六条的条件。从事危险货物运输的驾驶员、装卸管理员、押运员,应当符合危险货物运输管理的有关规定;<br>(四)拟投入国际道路运输经营的运输车辆技术等级达到一级;<br>(五)有健全的安全生产管理制度。 | **第五条**　申请从事国际道路运输经营活动的,应具备下列条件:<br>(一)已经取得国内道路运输经营许可证的企业法人;<br>(二)从事国内道路运输经营满3年,且近3年内未发生重大以上道路交通责任事故;<br>道路交通责任事故是指驾驶人员负同等或者以上责任的交通事故;<br>(三)驾驶人员**和从事危险货物运输的装卸管理人员、押运员应当符合《道路运输从业人员管理规定》有关规定**符合第六条的条件。从事危险货物运输的驾驶员、装卸管理员、押运员,应当符合危险货物运输管理的有关规定;<br>(四)拟投入国际道路运输经营的运输**车辆技术要求应当符合《道路运输车辆技术管理规定》有关规定**技术等级达到一级;<br>(五)有健全的安全生产管理制度。 |

| 交通部令 2005 年第 3 号 | 交通运输部令 2022 年第 31 号 |
|---|---|
| 第二章　经营许可 | 第二章　经营许可和备案 |
| **第六条**　从事国际道路运输的驾驶人员,应当符合下列条件:<br>(一)取得相应的机动车驾驶证;<br>(二)年龄不超过 60 周岁;<br>(三)经设区的市级道路运输管理机构分别对有关国际道路运输法规、外事规定、机动车维修、货物装载、保管和旅客急救基本知识考试合格,并取得《营运驾驶员从业资格证》;<br>(四)从事旅客运输的驾驶人员 3 年内无重大以上交通责任事故记录。 | 第六条　从事国际道路运输的驾驶人员,应当符合下列条件:<br>(一)取得相应的机动车驾驶证;<br>(二)年龄不超过 60 周岁;<br>(三)经设区的市级道路运输管理机构分别对有关国际道路运输法规、外事规定、机动车维修、货物装载、保管和旅客急救基本知识考试合格,并取得《营运驾驶员从业资格证》;<br>(四)从事旅客运输的驾驶人员 3 年内无重大以上交通责任事故记录。 |
| **第七条**　拟从事国际道路运输经营的,应当向所在地省级道路运输管理机构提出申请,并提交以下材料:<br>(一)国际道路运输经营申请表(式样见附件1);<br>(二)《道路运输经营许可证》及复印件;<br>(三)法人营业执照及复印件;<br>(四)企业近 3 年内无重大以上道路交通责任事故证明;<br>(五)拟投入国际道路运输经营的车辆的道路运输证和拟购置车辆承诺书,承诺书包括车辆数量、类型、技术性能、购车时间等内容; | 第六条 第七条　拟从事国际道路旅客运输经营的,应当向所在地省级人民政府交通运输主管部门 道路运输管理机构 提出申请,并提交以下材料:<br>(一)国际道路旅客运输经营申请表(式样见附件1);<br>(二)《道路运输经营许可证》及复印件;<br>(三)法人营业执照及复印件;<br>(二)(四)企业近 3 年内无重大以上道路交通责任事故证明或者承诺书;<br>(三)(五)拟投入国际道路运输经营的车辆的道路运输证和拟购置车辆承诺书,承诺书包括车辆数量、类型、技术性能、购车时间等内容; |

| 交通部令 2005 年第 3 号 | 交通运输部令 2022 年第 31 号 |
|---|---|
| **第二章　经营许可** | **第二章　经营许可和备案** |
| （六）拟聘用驾驶员的机动车驾驶证、从业资格证，近 3 年内无重大以上道路交通责任事故证明；<br><br>（七）国际道路运输的安全管理制度：包括安全生产责任制度、安全生产业务操作规程、安全生产监督检查制度、驾驶员和车辆安全生产管理制度等。<br><br>从事定期国际道路旅客运输的，还应当提交定期国际道路旅客班线运输的线路、站点、班次方案。<br><br>从事危险货物运输的，还应当提交驾驶员、装卸管理员、押运员的上岗资格证等。 | （四）（六）拟聘用驾驶员的机动车驾驶证、从业资格证，近 3 年内无重大以上道路交通责任事故证明；<br><br>（五）（七）国际道路运输的安全管理制度：包括安全生产责任制度、安全生产业务操作规程、安全生产监督检查制度、驾驶员和车辆安全生产管理制度、道路运输应急预案等。<br><br>从事定期国际道路旅客运输的，还应当提交定期国际道路旅客班线运输的线路、站点、班次方案。<br><br>从事危险货物运输的，还应当提交驾驶员、装卸管理员、押运员的上岗资格证等。 |
| **第八条**　已取得国际道路运输经营许可，申请新增定期国际旅客运输班线的，应当向所在地省级道路运输管理机构提出申请，提交下列材料：<br><br>（一）《道路运输经营许可证》及复印件；<br><br>（二）拟新增定期国际道路旅客班线运输的线路、站点、班次方案； | **第七条 第八条**　已取得国际道路旅客运输经营许可，申请新增定期国际旅客运输班线的，应当向所在地省级人民政府交通运输主管部门 道路运输管理机构 提出申请，提交下列材料：<br><br>（一）《道路运输经营许可证》及复印件；<br><br>（一）（二）拟新增定期国际道路旅客班线运输的线路、站点、班次方案； |

| 交通部令 2005 年第 3 号 | 交通运输部令 2022 年第 31 号 |
|---|---|
| **第二章　经营许可** | **第二章　经营许可和备案** |
| （三）拟投入国际道路旅客运输营运的车辆的道路运输证和拟购置车辆承诺书； <br><br>（四）拟聘用驾驶员的机动车驾驶证、从业资格证，驾驶员近 3 年内无重大以上道路交通责任事故证明。 | （二）~~（三）~~拟投入国际道路旅客运输营运的车辆的道路运输证和拟购置车辆承诺书； <br><br>（三）~~（四）~~拟聘用驾驶员的机动车驾驶证、从业资格证，驾驶员近 3 年内无重大以上道路交通责任事故证明。 |
| **第九条**　省级道路运输管理机构收到申请后，应当按照《交通行政许可实施程序规定》要求的程序、期限，对申请材料进行审查，作出许可或者不予许可的决定。<br><br>决定予以许可的，应当向被许可人颁发《道路运输经营许可证》或者《道路旅客运输班线经营许可证明》。不能直接颁发经营证件的，应当向被许可人出具《国际道路运输经营许可决定书》（见附件 2）或者《国际道路旅客运输班线经营许可决定书》（见附件 3）。在出具许可决定之日起 10 日内，向被许可人颁发《道路运输经营许可证》或者《道路旅客运输班线经营许可证明》。 | **第八条 第九条**　省级人民政府交通运输主管部门 道路运输管理机构 收到申请后，应当按照《交通行政许可实施程序规定》要求的程序、期限，对申请材料进行审查，并通过部门间信息共享、内部核查等方式获取申请人营业执照、已取得的道路客运经营许可、现有车辆等信息，作出许可或者不予许可的决定。<br><br>省级人民政府交通运输主管部门对符合法定条件的国际道路旅客运输经营申请作出准予行政许可决定的，应当出具《国际道路旅客运输经营行政许可决定书》（式样见附件 2），明确经营主体、经营范围、车辆数量及要求等许可事项，在作出准予行政许可决定之日起 10 日内向被许可人发放《道路运输经营许可证》。对符合法定条件的国际道路旅客运输班线经营申请作出准予行政许可决定的，还应当出具《国际道路旅客运输班线经营行政许可决定书》（式样见附件 3）。 |

续上表

| 交通部令 2005 年第 3 号 | 交通运输部令 2022 年第 31 号 |
|---|---|
| 第二章　经营许可 | 第二章　经营许可和备案 |
| 　　《道路运输经营许可证》应当注明经营范围;《道路旅客运输班线经营许可证明》应当注明班线起讫地、线路、停靠站点以及班次。<br>　　省级道路运输管理机构予以许可的,应当由省级交通主管部门向交通部备案。<br>　　对国际道路运输经营申请决定不予许可的,应当在受理之日起 20 日内向申请人送达《不予交通行政许可决定书》,并说明理由,告知申请人享有依法申请行政复议或者提起行政诉讼的权利。 | 　　决定予以许可的,应当向被许可人颁发《道路运输经营许可证》或者《道路旅客运输班线经营许可证明》。不能直接颁发经营证件的,应当向被许可人出具《国际道路运输经营许可决定书》(见附件 2)或者《国际道路旅客运输班线经营许可决定书》(见附件 3)。在出具许可决定之日起 10 日内,向被许可人颁发《道路运输经营许可证》或者《道路旅客运输班线经营许可证明》。<br>　　《道路运输经营许可证》应当注明经营范围;《**国际道路旅客运输班线经营行政许可决定书**》《**道路旅客运输班线经营许可证明**》应当注明班线起讫地、线路、停靠站点、**经营期限**以及班次。<br>　　**省级人民政府交通运输主管部门** 道路运输管理机构 予以许可的,应当 由 省级交通主管部门 向交通**运输**部备案。<br>　　对国际道路**旅客**运输经营申请决定不予许可的,应当在受理之日起 20 日内向申请人送达《不予交通行政许可决定书》,并说明理由,告知申请人享有依法申请行政复议或者提起行政诉讼的权利。 |

| 交通部令 2005 年第 3 号 | 交通运输部令 2022 年第 31 号 |
|---|---|
| 第二章　经营许可 | 第二章　经营许可和备案 |
| | **第九条**　从事国际道路货物运输经营的,最迟不晚于开始国际道路货物运输经营活动的 15 日内向所在地省级人民政府交通运输主管部门备案,提交《国际道路货物运输经营备案表》(式样见附件 4),并附送符合本规定第五条规定条件的材料,保证材料真实、完整、有效。 |
| | **第十条**　省级人民政府交通运输主管部门收到国际道路货物运输经营备案材料后,对材料齐全且符合要求的,应当予以备案并编号归档;对材料不全或者不符合要求的,应当场或者自收到备案材料之日起 5 日内一次性书面通知备案人需要补充的全部内容。<br><br>　　省级人民政府交通运输主管部门应当向社会公布并及时更新已备案的国际道路货物运输经营者名单,便于社会查询和监督。 |
| **第十条**　非边境省、自治区、直辖市的申请人拟从事国际道路运输经营的,应当向所在地省级道路运输管理机构提出申请。受理该申请的省级道路运输管理机构在作出许可决定前,应当与运输线路拟通过口岸所在地的省级道路运输管理机构协商;协商不成的,由省级交通主管部门报交通部决定。交通部按照第九 | **第十一条** 第十条 非边境省、自治区、直辖市的申请人拟从事国际道路旅客运输经营的,应当向所在地省级人民政府交通运输主管部门 道路运输管理机构 提出申请。受理该申请的省级人民政府交通运输主管部门 道路运输管理机构 在作出许可决定前,应当与运 |

续上表

| 交通部令 2005 年第 3 号 | 交通运输部令 2022 年第 31 号 |
|---|---|
| **第二章　经营许可** | **第二章　经营许可和备案** |
| 条第一款规定的程序作出许可或者不予许可的决定,通知所在地省级交通主管部门,并由所在地省级道路运输管理机构按照第九条第二款、第五款的规定颁发许可证件或者《不予交通行政许可决定书》。 | 输线路拟通过口岸所在地的省级人民政府交通运输主管部门 道路运输管理机构 协商;协商不成的, 由省级交通主管部门 报交通运输部决定。交通运输部按照第八 九 条第一款规定的程序作出许可或者不予许可的决定,通知所在地省级人民政府交通运输主管部门,并由所在地省级人民政府交通运输主管部门 道路运输管理机构 按照第八 九 条第二款、第五款的规定颁发许可证件或者《不予交通行政许可决定书》。 |
| **第十一条**　被许可人应当按照承诺书的要求购置运输车辆。购置的车辆和已有的车辆经道路运输管理机构核实符合条件的,道路运输管理机构向拟投入运输的车辆配发《道路运输证》。 | **第十二条** 第十一条 　**从事国际道路旅客运输的经营者** 被许可人 应当按照承诺书的要求购置运输车辆。购置的车辆和已有的车辆经**省级人民政府交通运输主管部门** 道路运输管理机构 核实符合条件的,**省级人民政府交通运输主管部门** 道路运输管理机构 向拟投入运输的车辆配发《道路运输证》。 |
| **第十二条**　从事国际道路运输经营的申请人凭《道路运输经营许可证》及许可文件到外事、海关、检验检疫、边防检查等部门办理有关运输车辆、人员的出入境手续。 | **第十三条** 第十二条 　从事国际道路运输经营的申请人凭《道路运输经营许可证》**等** 及 许可文件**或者备案文件**到外事、海关、 检验检疫、 边防检查等部门办理有关运输车辆、人员的出入境手续。 |

| 交通部令2005年第3号 | 交通运输部令2022年第31号 |
|---|---|
| 第二章　经营许可 | 第二章　经营许可和备案 |
|  | 第十四条 第十三条 国际道路旅客运输经营者变更许可事项、扩大经营范围的,应当按照本规定办理许可申请。<br><br>国际道路旅客运输经营者变更名称、地址等,应当向原许可机关 省级道路运输管理机构 备案。<br><br>**国际道路货物运输经营者名称、经营地址、主要负责人和货物运输车辆等事项发生变化的,应当向原办理备案的交通运输主管部门办理备案变更。** |
| 第十三条　国际道路运输经营者变更许可事项、扩大经营范围的,应当按照本规定办理许可申请。<br><br>国际道路运输经营者变更名称、地址等,应当向省级道路运输管理机构备案。 |  |
| 第十四条　国际道路旅客运输经营者在取得经营许可后,应当在180日内履行被许可的事项。有正当理由在180日内未经营或者停业时间超过180日的,应当告知省级道路运输管理机构。<br><br>国际道路运输经营者需要终止经营的,应当在终止经营之日30日前告知省级道路运输管理机构,办理有关注销手续。 | 第十五条 第十四条 国际道路旅客运输经营者在取得经营许可后,应当在180日内履行被许可的事项。有正当理由在180日内未经营或者停业时间超过180日的,应当告知省级 **人民政府交通运输主管部门** 道路运输管理机构。<br><br>国际道路运输经营者需要终止经营的,应当在终止经营之日30日前告知省级 **人民政府交通运输主管部门** 道路运输管理机构,**并按照规定**办理有关注销手续。 |

| 交通部令2005年第3号 | 交通运输部令2022年第31号 |
|---|---|
| 第二章　经营许可 | 第二章　经营许可和备案 |
| **第十五条**　外国道路运输企业在我国境内设立国际道路运输常驻代表机构,应当向交通部提出申请,并提供以下材料:<br><br>（一）企业的董事长或总经理签署的申请书。内容包括常驻代表机构的名称、负责人、业务范围、驻在期限、驻在地点等;<br><br>（二）企业所在国家或地区有关商业登记当局出具的开业合法证明或营业注册副本;<br><br>（三）由所在国金融机构出具的资本信用证明书;<br><br>（四）企业委任常驻代表机构人员的授权书和常驻人员的简历及照片。提交的外文资料需同时附中文翻译件。 | **第十五条**　外国道路运输企业在我国境内设立国际道路运输常驻代表机构,应当向交通部提出申请,并提供以下材料:<br><br>（一）企业的董事长或总经理签署的申请书。内容包括常驻代表机构的名称、负责人、业务范围、驻在期限、驻在地点等;<br><br>（二）企业所在国家或地区有关商业登记当局出具的开业合法证明或营业注册副本;<br><br>（三）由所在国金融机构出具的资本信用证明书;<br><br>（四）企业委任常驻代表机构人员的授权书和常驻人员的简历及照片。提交的外文资料需同时附中文翻译件。 |
| **第十六条**　交通部应当按照《交通行政许可实施程序规定》要求的程序、期限,对申请材料进行审查,作出许可或者不予许可的决定。予以许可的,向外国道路运输企业出具并送达《外国（境外）运输企业在中国设立常驻代表机构许可决定书》(见附件4),同时通知外国（境外）运输企业在中国常驻代表机构所在地的省级交通主管部门;不予许可的,应当出具并送达《不予交通行政许可决定书》,并说明理由。 | **第十六条**　交通部应当按照《交通行政许可实施程序规定》要求的程序、期限,对申请材料进行审查,作出许可或者不予许可的决定。予以许可的,向外国道路运输企业出具并送达《外国（境外）运输企业在中国设立常驻代表机构许可决定书》(见附件4),同时通知外国（境外）运输企业在中国常驻代表机构所在地的省级交通主管部门;不予许可的,应当出具并送达《不予交通行政许可决定书》,并说明理由。 |

续上表

| 交通部令 2005 年第 3 号 | 交通运输部令 2022 年第 31 号 |
|---|---|
| 第三章　运营管理 | 第三章　运营管理 |
| 第十七条　国际道路运输线路由起讫地、途经地国家交通主管部门协商确定。<br>　　交通部及时向社会公布中国政府与有关国家政府确定的国际道路运输线路。 | ~~第十六条~~ 第十七条　国际道路运输线路由起讫地、途经地国家交通运输主管部门协商确定。<br>　　交通运输部及时向社会公布中国政府与有关国家政府确定的国际道路运输线路。 |
| 第十八条　从事国际道路运输的车辆应当按照规定的口岸通过，进入对方国家境内后，应当按照规定的线路运行。<br>　　从事定期国际道路旅客运输的车辆，应当按照规定的行车路线、班次及停靠站点运行。 | ~~第十七条~~ 第十八条　从事国际道路运输的车辆应当按照规定的口岸通过，进入对方国家境内后，应当按照规定的线路运行。<br>　　从事定期国际道路旅客运输的车辆，应当按照规定的行车路线、班次及停靠站点运行。 |
| 第十九条　外国国际道路运输经营者的车辆在中国境内运输，应当具有本国的车辆登记牌照、登记证件。驾驶人员应当持有与其驾驶的车辆类别相符的本国或国际驾驶证件。 | ~~第十八条~~ 第十九条　外国国际道路运输经营者的车辆在中国境内运输，应当具有本国的车辆登记牌照、登记证件。驾驶人员应当持有与其驾驶的车辆类别相符的本国或国际驾驶证件。 |
| 第二十条　从事国际道路运输的车辆应当标明本国的国际道路运输国籍识别标志。<br>　　省级道路运输管理机构按照交通部规定的《国际道路运输国籍识别标志》式样(见附件5)，负责《国际道路运输国籍识别标志》的印制、发放、管理和监督使用。 | ~~第十九条~~ 第二十条　从事国际道路运输的车辆应当标明本国的国际道路运输国籍识别标志。<br>　　省级人民政府交通运输主管部门 ~~道路运输管理机构~~ 按照交通运输部规定的《国际道路运输国籍识别标志》式样(见附件5)，负责《国际道路运输国籍识别标志》的印制、发放、管理和监督使用。 |

续上表

| 交通部令 2005 年第 3 号 | 交通运输部令 2022 年第 31 号 |
|---|---|
| 第三章　运营管理 | 第三章　运营管理 |
| 第二十一条　进入我国境内从事国际道路运输的外国运输车辆,应当符合我国有关运输车辆外廓尺寸、轴荷以及载质量的规定。<br>我国与外国签署有关运输车辆外廓尺寸、轴荷以及载质量具体协议的,按协议执行。 | 第二十条 第二十一条 进入我国境内从事国际道路运输的外国运输车辆,应当符合我国有关运输车辆外廓尺寸、轴荷以及载质量的规定。<br>我国与外国签署有关运输车辆外廓尺寸、轴荷以及载质量具体协议的,按协议执行。 |
| 第二十二条　我国从事国际道路旅客运输的经营者,应当使用《国际道路旅客运输行车路单》(见附件6)。<br>我国从事国际道路货物运输的经营者,应当使用《国际道路货物运单》(见附件7)。 | 第二十一条 第二十二条 我国从事国际道路旅客运输的经营者,应当使用《国际道路旅客运输行车路单》(见附件6)。<br>我国从事国际道路货物运输的经营者,应当使用《国际道路货物运单》(见附件7)。 |
| 第二十三条　进入我国境内运载不可解体大型物件的外国国际道路运输经营者,车辆超限的,应当遵守我国超限运输车辆行驶公路的相关规定,办理相关手续后,方可运输。 | 第二十二条 第二十三条 进入我国境内运载不可解体大型物件的外国国际道路运输经营者,车辆超限的,应当遵守我国超限运输车辆行驶公路的相关规定,办理相关手续后,方可运输。 |
| 第二十四条　进入我国境内运输危险货物的外国国际道路运输经营者,应当遵守我国危险货物运输有关法律、法规和规章的规定。 | 第二十三条 第二十四条 进入我国境内运输危险货物的外国国际道路运输经营者,应当遵守我国危险货物运输有关法律、法规和规章的规定。 |

续上表

| 交通部令 2005 年第 3 号 | 交通运输部令 2022 年第 31 号 |
|---|---|
| 第三章　运营管理 | 第三章　运营管理 |
| **第二十五条**　禁止外国国际道路运输经营者从事我国国内道路旅客和货物运输经营。<br><br>　　外国国际道路运输经营者在我国境内应当在批准的站点上下旅客或者按照运输合同商定的地点装卸货物。运输车辆，要按照我国道路运输管理机构指定的停靠站(场)停放。<br><br>　　禁止外国国际道路运输经营者在我国境内自行承揽货物或者招揽旅客。 | **第二十四条** 第二十五条　禁止外国国际道路运输经营者从事我国国内道路旅客和货物运输经营。<br><br>　　外国国际道路运输经营者在我国境内应当在批准的站点上下旅客或者按照运输合同商定的地点装卸货物。运输车辆要按照我国交通运输主管部门指定的停靠站(场)停放。<br><br>　　禁止外国国际道路运输经营者在我国境内自行承揽货物或者招揽旅客。<br><br>　　**外国国际道路运输经营者依法在我国境内设立的常驻代表机构不得从事经营活动。** |
| **第二十六条**　国际道路运输经营者应当使用符合国家规定标准的车辆从事国际道路运输经营，并定期进行运输车辆维护和检测。 | **第二十五条** 第二十六条　国际道路运输经营者应当使用符合国家规定标准的车辆从事国际道路运输经营，并按照**国家有关规定** 定期进行运输车辆维护和定期检测。<br><br>　　**国际道路运输经营者应当对所聘用的道路运输从业人员开展有关国际道路运输法规、外事规定、业务知识、操作规程的培训。** |
| **第二十七条**　国际道路运输经营者应当制定境外突发事件的道路运输应急预案。应急预案应当包括报告程序、应急指挥、应急车辆和设备的储备以及处置措施等内容。 | **第二十六条** 第二十七条　国际道路运输经营者应当制定境外突发事件的道路运输应急预案。应急预案应当包括报告程序、应急指挥、应急车辆和设备的储备以及处置措施等内容。 |

续上表

| 交通部令 2005 年第 3 号 | 交通运输部令 2022 年第 31 号 |
|---|---|
| **第三章　运营管理** | **第三章　运营管理** |
| **第二十八条**　国际道路旅客运输的价格,按边境口岸地省级交通主管部门与相关国家政府交通主管部门签订的协议执行。没有协议的,按边境口岸所在地省级物价部门核定的运价执行。<br><br>国际道路货物运输的价格,由国际道路货物运输的经营者自行确定。 | **第二十七条** 第二十八条　国际道路旅客运输的价格,按边境口岸**所在地的**省级**人民政府**交通**运输**主管部门与相关国家政府交通**运输**主管部门签订的协议执行。没有协议的,按边境口岸所在地省级物价部门核定的运价执行。<br><br>国际道路货物运输的价格,由国际道路货物运输的经营者自行确定。 |
| **第二十九条**　对进出我国境内从事国际道路运输的外国运输车辆的费收,应当按照我国与相关国家政府签署的有关协定执行。 | **第二十八条** 第二十九条　对进出我国境内从事国际道路运输的外国运输车辆的费收,应当按照我国与相关国家政府签署的有关协定执行。 |
| **第四章　行车许可证管理** | **第四章　行车许可证管理** |
| **第三十条**　国际道路运输实行行车许可证制度。<br><br>行车许可证是国际道路运输经营者在相关国家境内从事国际道路运输经营时行驶的通行凭证。<br><br>我国从事国际道路运输的车辆进出相关国家,应当持有相关国家的国际汽车运输行车许可证。<br><br>外国从事国际道路运输的车辆进出我国,应当持有我国国际汽车运输行车许可证。 | **第二十九条** 第三十条　国际道路运输实行行车许可证制度。<br><br>行车许可证是国际道路运输经营者在相关国家境内从事国际道路运输经营时行驶的通行凭证。<br><br>我国从事国际道路运输的车辆进出相关国家,应当持有相关国家的国际汽车运输行车许可证。<br><br>外国从事国际道路运输的车辆进出我国,应当持有我国国际汽车运输行车许可证。 |

续上表

| 交通部令 2005 年第 3 号 | 交通运输部令 2022 年第 31 号 |
|---|---|
| **第四章　行车许可证管理** | **第四章　行车许可证管理** |
| **第三十一条**　我国国际汽车运输行车许可证分为《国际汽车运输行车许可证》和《国际汽车运输特别行车许可证》。<br><br>在我国境内从事国际道路旅客运输经营和一般货物运输经营的外国经营者，使用《国际汽车运输行车许可证》。<br><br>在我国境内从事国际道路危险货物运输经营的外国经营者，应当向拟通过口岸所在地的省级道路运输管理机构提出申请，由省级道路运输管理机构商有关部门批准后，向外国经营者的运输车辆发放《国际汽车运输特别行车许可证》。 | **第三十条**　**第三十一条**　我国国际汽车运输行车许可证分为《国际汽车运输行车许可证》和《国际汽车运输特别行车许可证》。<br><br>在我国境内从事国际道路旅客运输经营和 **普通** 一般 货物运输经营的外国经营者，使用《国际汽车运输行车许可证》。<br><br>在我国境内从事国际道路危险货物运输经营的外国经营者，应当向拟通过边境口岸所在地的省级 **人民政府交通运输主管部门** 道路运输管理机构 提出申请，由省级人民政府交通运输主管部门 道路运输管理机构 商有关部门批准后，向外国经营者的运输车辆发放《国际汽车运输特别行车许可证》。 |
| **第三十二条**　《国际汽车运输行车许可证》、《国际汽车运输特别行车许可证》的式样，由交通部与相关国家政府交通主管部门商定。边境省级道路运输管理机构按照商定的式样，负责行车许可证的统一印制，并负责与相关国家交换。 | **第三十一条**　**第三十二条**　《国际汽车运输行车许可证》《国际汽车运输特别行车许可证》的式样，由交通 **运输** 部与相关国家政府交通 **运输** 主管部门商定。边境口岸所在地的省级 **人民政府交通运输主管部门** 道路运输管理机构 按照商定的式样，负责行车许可证的统一印制，并负责与相关国家交换。 |

国际道路运输管理百问百答

续上表

| 交通部令 2005 年第 3 号 | 交通运输部令 2022 年第 31 号 |
|---|---|
| **第四章　行车许可证管理** | **第四章　行车许可证管理** |
| 　交换过来的相关国家《国际汽车运输行车许可证》，由边境省级道路运输管理机构负责发放和管理。<br>　我国从事国际道路运输的经营者，向拟通过边境口岸所在地的省级道路运输管理机构申领《国际汽车运输行车许可证》。 | 　交换过来的相关国家《国际汽车运输行车许可证》，由边境口岸所在地的省级人民政府交通运输主管部门 道路运输管理机构 负责发放和管理。<br>　我国从事国际道路运输的经营者，向拟通过边境口岸所在地的省级人民政府交通运输主管部门 道路运输管理机构 申领《国际汽车运输行车许可证》。 |
| 　**第三十三条**　《国际汽车运输行车许可证》、《国际汽车运输特别行车许可证》实行一车一证，应当在有效期内使用。<br>　运输车辆为半挂汽车列车、全挂汽车列车时，仅向牵引车发放行车许可证。 | 　**第三十二条** 第三十三条 　《国际汽车运输行车许可证》《国际汽车运输特别行车许可证》实行一车一证，应当在有效期内使用。运输车辆为半挂汽车列车、**中置轴挂车列车**、全挂汽车列车时，仅向牵引车辆发放行车许可证。 |
| 　**第三十四条**　禁止伪造、变造、倒卖、转让、出租《国际汽车运输行车许可证》、《国际汽车运输特别行车许可证》。 | 　**第三十三条** 第三十四条 　禁止伪造、变造、倒卖、转让、出租《国际汽车运输行车许可证》、《国际汽车运输特别行车许可证》。 |
| **第五章　监督检查** | **第五章　监督检查** |
| 　**第三十五条**　县级以上道路运输管理机构在本行政区域内依法实施国际道路运输监督检查工作。 | 　**第三十四条** 第三十五条 　县级以上**地方人民政府交通运输主管部门** 道路运输管理机构 在本行政区域内依法实施国际道路运输监督检查工作。 |

续上表

| 交通部令2005年第3号 | 交通运输部令2022年第31号 |
|---|---|
| **第五章　监督检查** | **第五章　监督检查** |
| 　　口岸国际道路运输管理机构负责口岸地包括口岸查验现场的国际道路运输管理及监督检查工作。<br><br>　　口岸国际道路运输管理机构应当悬挂"中华人民共和国××口岸国际道路运输管理站"标识牌;在口岸查验现场悬挂"中国运输管理"的标识,并实行统一的国际道路运输查验签章(式样见附件8)。<br><br>　　道路运输管理机构和口岸国际道路运输管理机构工作人员在实施国际道路运输监督检查时,应当出示交通部统一制式的交通行政执法证件。 | 　　口岸国际道路运输管理机构负责口岸地包括口岸查验现场的国际道路运输管理及监督检查工作。<br><br>　　口岸国际道路运输管理机构应当悬挂"中华人民共和国××口岸国际道路运输管理站"标识牌;在口岸查验现场悬挂"中国运输管理"的标识,并实行统一的国际道路运输查验签章(式样见附件8)。<br><br>　　县级以上地方人民政府交通运输主管部门 道路运输管理机构 和口岸国际道路运输管理机构工作人员在实施国际道路运输监督检查时,应当出示 交通部 统一制式的 行政执法证件。 |
| 　　**第三十六条**　口岸国际道路运输管理机构在口岸具体负责如下工作:<br><br>　　(一)查验《国际汽车运输行车许可证》《国际道路运输国籍识别标志》、国际道路运输有关牌证等;<br><br>　　(二)记录、统计出入口岸的车辆、旅客、货物运输量以及《国际汽车运输行车许可证》;定期向省级道路运输管理机构报送有关统计资料;<br><br>　　(三)监督检查国际道路运输的经营活动;<br><br>　　(四)协调出入口岸运输车辆的通关事宜。 | 　　**第三十五条** 第三十六条　口岸国际道路运输管理机构在口岸具体负责如下工作:<br><br>　　(一)查验《国际汽车运输行车许可证》、《国际汽车运输特别行车许可证》、《国际道路运输国籍识别标志》、和国际道路运输有关牌证等;<br><br>　　(二)记录、统计出入口岸的车辆、旅客、货物运输量以及《国际汽车运输行车许可证》《国际汽车运输特别行车许可证》,;定期向省级人民政府交通运输主管部门 道路运输管理机构 报送有关统计资料;<br><br>　　(三)监督检查国际道路运输的经营活动;<br><br>　　(四)协调出入口岸运输车辆的通关事宜。 |

续上表

| 交通部令2005年第3号 | 交通运输部令2022年第31号 |
|---|---|
| 第五章　监督检查 | 第五章　监督检查 |
| 　　第三十七条　国际道路运输经营者应当接受当地县级以上道路运输管理机构和口岸国际道路运输管理机构的检查。 | 第三十六条 第三十七条　国际道路运输经营者应当接受当地县级以上地方人民政府交通运输主管部门 道路 运输管理机构 和口岸国际道路运输管理机构的检查。<br>交通运输主管部门应当依据有关法规加强对失信企业和失信人员的监督管理，督促国际道路运输经营者落实安全生产主体责任。 |
| 第六章　法律责任 | 第六章　法律责任 |
| 　　第三十八条　违反本规定，有下列行为之一的，由县级以上道路运输管理机构以及口岸国际道路运输管理机构责令停止经营；有违法所得的，没收违法所得，处违法所得2倍以上10倍以下的罚款；没有违法所得或者违法所得不足2万元的，处3万元以上10万元以下的罚款；构成犯罪的，依法追究刑事责任：<br>　　（一）未取得道路运输经营许可，擅自从事国际道路运输经营的；<br>　　（二）使用失效、伪造、变造、被注销等无效道路运输经营许可证件从事国际道路运输经营的；<br>　　（三）超越许可的事项，非法从事国际道路运输经营的。 | 第三十七条 第三十八条　违反本规定，有下列行为之一的，由县级以上地方人民政府交通运输主管部门或者 道路运输管理机构以及 口岸国际道路运输管理机构责令停止经营；有违法所得的，没收违法所得，处违法所得2倍以上10倍以下的罚款；没有违法所得或者违法所得不足2万元的，处3万元以上10万元以下的罚款；构成犯罪的，依法追究刑事责任：<br>　　（一）未取得国际道路旅客运输经营许可，擅自从事国际道路旅客运输经营的；<br>　　（二）使用失效、伪造、变造、被注销等无效国际道路旅客运输 道路运输 经营许可证件从事国际道路旅客运输经营的；<br>　　（三）超越许可的事项，非法从事国际道路旅客运输经营的。 |

| 交通部令 2005 年第 3 号 | 交通运输部令 2022 年第 31 号 |
|---|---|
| 第六章　法律责任 | 第六章　法律责任 |
|  | **第三十八条**　从事国际道路货物运输经营，未按规定进行备案的，由省级人民政府交通运输主管部门责令改正；拒不改正的，处 5000 元以上 2 万元以下的罚款。 |
| **第三十九条**　违反本规定，非法转让、出租、伪造《道路运输经营许可证》、《道路旅客运输班线经营许可证明》、《国际汽车运输行车许可证》、《国际汽车运输特别行车许可证》、《国际道路运输国籍识别标志》的，由县级以上道路运输管理机构以及口岸国际道路运输管理机构责令停止违法行为，收缴有关证件，处 2000 元以上 1 万元以下的罚款；构成犯罪的，依法追究刑事责任。 | **第三十九条**　违反本规定，非法转让、出租、伪造《道路运输经营许可证》、《道路旅客运输班线经营许可证明》、《国际汽车运输行车许可证》、《国际汽车运输特别行车许可证》、《国际道路运输国籍识别标志》国际道路运输经营许可证件的，由县级以上地方人民政府交通运输主管部门或者道路运输管理机构以及口岸国际道路运输管理机构责令停止违法行为，收缴有关证件，处 2000 元以上 1 万元以下的罚款；有违法所得的，没收违法所得；构成犯罪的，依法追究刑事责任。 |
|  | **第四十条**　违反本规定，非法转让、出租、伪造《国际汽车运输行车许可证》《国际汽车运输特别行车许可证》《国际道路运输国籍识别标志》的，由县级以上地方人民政府交通运输主管部门或者口岸国际道路运输管理机构责令停止违法行为，收缴有关证件，处 500 元以上 1000 元以下的罚款；有违法所得的，没收违法所得。 |

| 交通部令2005年第3号 | 交通运输部令2022年第31号 |
|---|---|
| **第六章　法律责任** | **第六章　法律责任** |
| **第四十条**　违反本规定,国际道路运输经营者的运输车辆不按照规定标明《国际道路运输国籍识别标志》、携带《国际汽车运输行车许可证》或者《国际汽车运输特别行车许可证》的,由县级以上道路运输管理机构以及口岸国际道路运输管理机构责令改正,处20元以上200元以下的罚款。 | **第四十条**　违反本规定,国际道路运输经营者的运输车辆不按照规定标明《国际道路运输国籍识别标志》、携带《国际汽车运输行车许可证》或者《国际汽车运输特别行车许可证》的,由县级以上道路运输管理机构以及口岸国际道路运输管理机构责令改正,处20元以上200元以下的罚款。 |
| **第四十一条**　违反本规定,国际道路运输经营者有下列情形之一的,由县级以上道路运输管理机构以及口岸国际道路运输管理机构责令改正,处1000元以上3000元以下的罚款;情节严重的,由原许可机关吊销道路运输经营许可证:<br><br>（一）不按批准的国际道路运输线路、站点、班次运输的;<br><br>（二）在运输途中擅自变更运输车辆或者将旅客移交他人运输的;<br><br>（三）未报告原许可机关,擅自终止国际道路旅客运输经营的。 | **第四十一条**　违反本规定,国际道路旅客运输经营者有下列情形之一的,由县级以上地方人民政府交通运输主管部门或者道路运输管理机构口岸国际道路运输管理机构责令改正,处1000元以上3000元以下的罚款;情节严重的,由原许可机关吊销道路运输经营许可证:<br><br>（一）不按批准的国际道路运输线路、站点、班次运输的;<br><br>（二）在旅客运输途中擅自变更运输车辆或者将旅客移交他人运输的;<br><br>（三）未报告原许可机关,擅自终止国际道路旅客运输经营的。 |
| **第四十二条**　国际道路运输经营者违反道路旅客、货物运输有关规定的,按照相关规定予以处罚。 | **第四十二条**　国际道路运输经营者违反道路旅客、货物运输有关规定的,按照相关规定予以处罚。 |

续上表

| 交通部令 2005 年第 3 号 | 交通运输部令 2022 年第 31 号 |
|---|---|
| **第六章　法律责任** | **第六章　法律责任** |
| **第四十三条**　外国国际道路运输经营者有下列行为之一，由县级以上道路运输管理机构以及口岸国际道路运输管理机构责令停止运输或责令改正，有违法所得的，没收违法所得，处违法所得 2 倍以上 10 倍以下的罚款，没有违法所得或者违法所得不足 1 万元的，处 3 万元以上 6 万元以下的罚款：<br><br>（一）未取得我国有效的《国际汽车运输行车许可证》或者《国际汽车运输特别行车许可证》，擅自进入我国境内从事国际道路运输经营或者运输危险货物的；<br><br>（二）从事我国国内道路旅客或货物运输的；<br><br>（三）在我国境内自行承揽货源或招揽旅客的；<br><br>（四）未按规定的运输线路、站点、班次、停靠站（场）运行的；<br><br>（五）未标明本国《国际道路运输国籍识别标志》的。 | **第四十三条**　外国国际道路运输经营者有下列行为之一，由县级以上**地方人民政府交通运输主管部门或者**道路运输管理机构以及口岸国际道路运输管理机构责令停止运输或责令改正；**拒不改正的，责令停止运输**，有违法所得的，没收违法所得，处违法所得 2 倍以上 10 倍以下的罚款，没有违法所得或者违法所得不足 1 万元的，处 3 万元以上 6 万元以下的罚款：<br><br>（一）未取得我国有效的《国际汽车运输行车许可证》或者《国际汽车运输特别行车许可证》，擅自进入我国境内从事国际道路运输经营或者运输危险货物的；<br><br>（二）从事我国国内道路旅客或货物运输的；<br><br>（三）在我国境内自行承揽货源或招揽旅客的；<br><br>（四）未按规定的运输线路、站点、班次、停靠站（场）运行的；<br><br>（五）未标明本国《国际道路运输国籍识别标志》的。 |
| **第四十四条**　违反本规定，外国道路运输经营者，未经批准在我国境内设立国际道路运输常驻代表机构的，由省级道路运输管理机构予以警告，并责令改正。 | **第四十四条**　违反本规定，外国道路运输经营者，未经批准在我国境内设立国际道路运输常驻代表机构的，由省级道路运输管理机构予以警告，并责令改正。 |

续上表

| 交通部令 2005 年第 3 号 | 交通运输部令 2022 年第 31 号 |
|---|---|
| 第六章 法律责任 | 第六章 法律责任 |
| 第四十五条 县级以上道路运输管理机构以及口岸国际道路运输管理机构有下列行为之一的,对负有责任的主管人员和责任人员,视情节轻重,依法给予行政处分;造成严重后果、构成犯罪的,依法追究其刑事责任:<br><br>(一)不按照本规定规定的条件、程序和期限实施国际道路运输行政许可的;<br><br>(二)参与或者变相参与国际道路运输经营的;<br><br>(三)发现未经批准的单位和个人擅自从事国际道路运输经营活动,或者发现国际道路运输经营者有违法行为不及时查处的;<br><br>(四)违反规定拦截、检查正常行驶的道路运输车辆的;<br><br>(五)违法扣留运输车辆、车辆营运证的;<br><br>(六)索取、收受他人财物,或者谋取其他利益的;<br><br>(七)违法实施行政处罚的;<br><br>(八)其他违法行为。 | 第四十四条 第四十五条 县级以上地方人民政府交通运输主管部门 道路运输管理机构 以及口岸国际道路运输管理机构有下列行为之一的,对负有责任的主管人员和责任人员,视情节轻重,依法给予行政处分;造成严重后果、构成犯罪的,依法追究其刑事责任:<br><br>(一)不按照本规定规定的条件、程序和期限实施国际道路运输行政许可或者备案的;<br><br>(二)参与或者变相参与国际道路运输经营的;<br><br>(三)发现未经批准的单位和个人擅自从事国际道路运输经营活动,或者发现国际道路运输经营者有违法行为不及时查处的;<br><br>(四)违反规定拦截、检查正常行驶的道路运输车辆的;<br><br>(五)违法扣留运输车辆、车辆营运证的;<br><br>(六)索取、收受他人财物,或者谋取其他利益的;<br><br>(七)违法实施行政处罚的;<br><br>(八)其他违法行为。 |

| 交通部令2005年第3号 | 交通运输部令2022年第31号 |
|---|---|
| 第七章　附则 | 第七章　附则 |
| 　第四十六条　依照《道路运输条例》的规定,收取《道路运输经营许可证》、《道路运输证》、《道路旅客运输班线经营许可证明》、从业资格证、《国际汽车运输行车许可证》、《国际汽车运输特别行车许可证》、《国际道路运输国籍识别标志》等许可证件的工本费,具体收费标准由省、自治区、直辖市人民政府财政部门、价格主管部门会同同级交通主管部门核定。 | 　第四十六条　依照《道路运输条例》的规定,收取《道路运输经营许可证》、《道路运输证》、《道路旅客运输班线经营许可证明》、从业资格证、《国际汽车运输行车许可证》、《国际汽车运输特别行车许可证》、《国际道路运输国籍识别标志》等许可证件的工本费,具体收费标准由省、自治区、直辖市人民政府财政部门、价格主管部门会同同级交通主管部门核定。 |
| 　第四十七条　本规定自2005年6月1日起施行。交通部1995年9月12日公布的《中华人民共和国出入境汽车运输管理规定》(交公路发〔1995〕860号)同时废止。 | 　第四十五条 第四十七条　本规定自公布之日 2005年6月1日 起施行。2005年4月13日以交通部令2005年第3号公布的《国际道路运输管理规定》交通部1995年9月12日公布的《中华人民共和国出入境汽车运输管理规定》(交公路发〔1995〕860号)同时废止。 |